المسيحية المفقودة

النسخة الأصلية للمسيحية

أ.د تامر محمد محمود متولي

أستاذ العقيدة والأديان

جامعة حائل

كلية الشريعة والقانون

جامعة حائل

عنوان الكتاب: المسيحية المفقودة

العنوان الفرعي: النسخة الأصلية للمسيحية

المؤلف: أ.د. تامر محمد متولى ©

بيانات الكتاب

اللغة: العربية الطبعة: الأولى سنة النشر: ٢٠٢٦

ISBN 978-1-972406-00-7

الفهرسة:

متولي، تامر محمد. المسيحية المفقودة النسخة الأصلية المسيحية / تامر محمد متولي.

الناشر:

Alsadiqin Press New York

بسم الله الرحمن الرحيم

سُورَةُ المَائِدَةِ

وَقَفَّيْنَا عَلَىٰٓ ءَاثَٰرِهِم بِعِيسَى ٱبْنِ مَرْيَمَ مُصَدِّقًا لِّمَا بَيْنَ يَدَيْهِ
مِنَ ٱلتَّوْرَىٰةِ ۖ وَءَاتَيْنَٰهُ ٱلْإِنجِيلَ فِيهِ هُدًى وَنُورٌ وَمُصَدِّقًا
لِّمَا بَيْنَ يَدَيْهِ مِنَ ٱلتَّوْرَىٰةِ وَهُدًى وَمَوْعِظَةً لِّلْمُتَّقِينَ ﴿٤٦﴾

الإِهْدَاءُ

إلى
والدي الجليل
صاحب الفضيلة
الشيخ محمد محمود متولي
مدير شئون القرآن بالأزهر

بسم الله الرحمن الرحيم

شكر وتقدير

أتقدم بالشكر والتقدير للمملكة العربية السعودية التي أتاحت لي فرصة تحقيق أمنية حياتي في دراسة علمية أكاديمية لعلوم الدين، عبر منحة دراسية جامعية. لقد ولدت ثانية عندما التحقت بالجامعة الإسلامية بالمدينة المنورة، والتي بدورها قدمت الدعم على كلّ المستويات. لا يمكنني أن أنسى أورع وأتقى من رأت عيني، من أساتذة أجلاء؛ وعلماء أتقياء، وآباء رحماء، هم على الترتيب الزمني: فضيلة الأستاذ الدكتور عبد الله بن العلامة محمد الأمين الشنقيطي، عميد كلية القرآن الكريم؛ ثم عملاق البحث العلمي الأستاذ الدكتور أحمد بن عطية الغامدي رَحِمَهُ ٱللَّهُ عميد كلية الدعوة وأصول الدين؛ وقد تعلمت منه؛ مع منهج البحث العلمي، كيف أكون رحيمًا وحاسمًا معًا، والأستاذ الدكتور الأديب محمد بن عبد الرحمن أبو سيف، والأستاذ الدكتور سعود بن عبد العزيز الخلف، رئيس قسم العقيدة ثم عميد كلية الدعوة لاحقًا، والأستاذ الدكتور صالح بن سعد السحيمي (الشيخ الرئيس) رئيس قسم العقيدة سابقًا، الذي منحني فرصة وفرحة الالتحاق بكلية الدعوة وأصول الدين وقسم العقيدة، والأستاذ الدكتور محمد باكريم باعبد الله؛ عميد الكلية، والذي تفضل بالإشراف علي في مرحلتي -

الماجستير والدكتوراه-. إنني هنا أيضًا أكتب هذا في ذكرى زميل الجامعة من اليوم الأول، وصديقي الحبيب الوفي إلى آخر يوم في حياته، الأستاذ الدكتور أبي عبد الله وليد بن محمد العلي، الذي اغتالته يد آثمة؛ ظلمًا وعدوانًا؛ مهاجرًا في سبيل الله؛ يمد يد العون والدعم لضعفاء المسلمين في إفريقيا، رَحِمَهُ ٱللَّهُ تعالى. وإن أنس فلا أنس جامعة حائل؛ ومعالي الأستاذ الدكتور الإنساني والأكاديمي الفذ؛ أحمد السيف؛ مدير الجامعة السابق، الذي أدين له بأن أتاح لي فرصة العمل مع أفذاذ علماء العالم الإسلامي الذين استقدمهم بذكاء وخبرة لتصبح جامعة حائل جامعة رائدة في سنوات قليلة. كما أتقد بالشكر والتقدير إلى معالي رئيس الجامعة الآن سعادة الدكتور راشد بن مسلط الشريف، ووكلائه المخلصين، وكذلك زملائي هناك؛ الأستاذ الدكتور إبراهيم بن محمد التويجري؛ رئيس قسم الثقافة الإسلامية، والباحث الكبير الأستاذ الدكتور سليمان الدبيخي، حاليًا في جامعة القصيم، وسعادة عميد كية الشريعة الحالي؛ ورئيس القسم سابقًا، الدكتور ماجد الصمعان؛ الذي كان له فضل أن أعطاني الفرصة الكاملة لإنجاز هذا العمل. وإلى زوجتي «عبير» رَحِمَهَا ٱللَّهُ التي وقفت بجانبي طوال ثمانية عشر عامًا؛ زوجة وأختًا وأمًا، فكانت هي كل أقاربي، ولم يمهلها القدر لترى هذا العمل، ولكنها تركت لي لذكراها الجميلة أبناءنا مريم وآسية وعبد الله وفاطمة وخديجة ومحمد، الذين كان وجودهم حولي قد أمدني بدواء واسع المجال ولساعات طويلة، حتى عندما يكون «بابا» منكبًا فيها على كتابه؛ أو مبحرًا في كوكب آخر. كما أشكر زوجتي الحالية (فاطمة)؛ أم أحمد وعبدالرحمن، على ما قدمته وتقدمه لي من عون على كافة الأصعدة. وأودّ

أن أوسع دائرة الثناء لتشمل أصدقاء وعلماء قرؤوا أجزاء من مخطوطة هذا العمل؛ لقد راجعوا ودققوا بعناية كلّ كلمة في المخطوطة، وأنقذوني من أخطاء كثيرة وأساليب غير مناسبة.

إلى كل هؤلاء الشكر والتقدير والاعتراف بالجميل.

تامر

مقدمة

على خلاف العالم المسيحي اليوم الذي لا يعرف إلا نسخة واحدة للمسيحية؛ كان هناك العالم المسيحي الذي عرف وشاهد وعاش النسخة الأخرى؛ النسخة الأصلية للمسيحية؛ مسيحية المسيح؛ مسيحية التوحيد والسبت والختان. هذه المسيحية الأصلية؛ أو مسيحية المسيح؛ أو المسيحية المفقودة، يقابلها المسيحية اليونانية، أو البولسية؛ النسخة المنتشرة ويعرفها عالم اليوم؛ نسخة مجمع نيقيا؛ بفرقها الثلاث؛ الكاثوليك والأرثوذكس والبروتستانت وفروعها، النسخة التي تعتقد التثليث والصلب والفداء كأساس للعقيدة المسيحية. المسيحية الأصلية كانت امتدادا للدين الذي أرسل الله به رسله جميعا، دين إبراهيم والأنبياء من بعده. النسخة الأخرى للمسيحية؛ المسيحية اليونانية (نسبة للغة التي كتبت بها) أو المسيحية البولسية (نسبة للرسول بولس)؛ هي نسخة متأخرة ومشوهة من مسيحية المسيح وأشبه ما تكون بأديان اليونان.

حصل هذا الانقسام فورًا بعد رفع المسيح. وفقًا للمصادر التاريخية المسيحية الحالية، كان المسيح نفسه يهوديًا؛ ولد وعاش كيهودي بين قومه اليهود، وكذلك كان تلاميذه بقيادة بطرس «صفا» أي «الصخرة»؛ رئيس الحواريين. ووفقا للمصادر نفسها؛ بعد عصر المسيح، المسيحيون اليهود؛ مثلهم مثل أتباع المسيح الأوائل؛ حافظوا على الشريعة والالعادات اليهودية،

بما في ذلك العقيدة؛ كالتوحيد؛ وحفظ السبت، والختان، والطعام الحلال. هؤلاء المسيحيون لم يعرفوا أبدًا ولم يؤمنوا يومًا بعقيدة قدم المسيح أو ألوهيته، معتبرين المسيح ليس إلا نبيًا مثل موسى؛ إنسانًا «طبيعيًا»، من لحم ودم. في نظر هؤلاء كان المسيح إنسانًا نبيًا، اختاره الله لتبليغ رسالته إلى بني إسرائيل، وفقط لبني إسرائيل، أو خراف إسرائيل الضالة؛ ولا شيء أكثر من ذلك. أما المسيحية اليونانية؛ النسخة المعدلة؛ النسخة المنتصرة في الصراع التاريخي، فقد رسمت صورة جديدة عن لعقيدة والشريعة والخلاص؛ غير تلك التي علمها المسيح. بالنسبة لهم؛ كان المسيح إلهًا، ولابد أن يكون إلهًا ليحقق الخلاص لشعبه. وفقًا لهم؛ كان المسيح إنسانا من لحم ودم؛ لكنه في نفس الوقت كان إلهًا، الابن الوحيد والقديم مع أبيه من الأزل، مولود غير مخلوق، لقد كان هو الله تعالى؛ نزل إلى الأرض ليخلص العالم؛ أو بحسب تعبير مقررات مجمع خلقدونيا المفصلة والمتناقضة: «يسوع المسيح؛ كامل الربوبيةِ وكاملِ الإنسانية، إله حق وإنسان حق، روح وجسد؛ طبيعة واحدة مَع الأبِّ، لكنه إنسان؛ مثلنا تمامًا لكن بلا ذنبِ، ربنا يسوع المسيح».

الخلاف بين المسيحية الأصلية والمسيحية اليونانية؛ يُمْكِنُ أَنْ يتلخص ببساطة حول الإيمان بالمسيح النبي مقابل الإيمان بالمسيح الإله، أو الابن المَخْلُوقِ مقابل الابن غير المخلوق؛ أو المسيح الإنسان مقابل المسيح الإله.

النسخة الأصلية للمسيحة؛ المسيحية المفقودة؛ كانت تؤمن بالكتب المقدسة العبرية، إضافة إلى إنجيل واحد؛ إنجيل المسيح؛ هو -أو يشبه-

إنجيل متى. النسخة الأخرى؛ مسيحية بولس؛ صاحب إنجيل الغرل أو إنجيل الوثنيين، رفضت صلاحية الكتب المقدسة اليهودية؛ وأعلنت بطلان الشريعة اليهودية وفشل الناموس الموسوي. بدلًا من التوراة اعتمدت الكثير من الكتب التي لم يعرفها المسيح نفسه ولا تلاميذه، ولا حتى عرفها العالم قبل قرنين من عصر المسيح.

أهم التعديلات التي أدخلت لاحقًا على النسخة الأصلية للمسيحية كانت في العقيدة والعبادة؛ فصار التثليث بدلًا من وحدانية الله؛ وبدل الختان؛ الشعيرة اليهودية، الذي هو علامة بين الله وشعبه؛ أصبح التعميد هو شعيرة المسيحية الجديدة؛ كإعلان عن الدخول في ملكوت السماوات، وبدلًا من السبت صار الأحد هو سبت الرب وأول الأسبوع الجديد، وبدلا من الوصايا العشر والقربان؛ أصبح الإيمان بالمسيح المصلوب هو سبب الخلاص، لأن الشريعة فشلت في تبرير الناس من الذنب بذبح الأضاحي والقرابين «.. لأنه لا يمكن لدم الثيران والتيوس أن يرفع الخطايا».

من الناحية التاريخية؛ عاشت النسختان؛ الأصلية واليونانية، جنبًا إلى جنب، في المكان والزمان-وأحيانا- في الكنيسة الواحدة؛ لكن في صراع دائم. أخيرًا؛ وليس بدايةً، في القرن الرابع؛ حسم الخلاف بين النسختين؛ لأسباب غير علمية، وانتصرت النسخة المسيحية المعدلة في مجمع نيقيا، ومنعت الفرقة والعقائد المخالفة لها منعًا قانونيا سياسيًا يترتب عليه عقاب الدولة. هذه النسخة المنتصرة -المسيحية البوليسية أو المسيحية اليونانية؛ هي التي بقيت إلى اليوم؛ وهي الأصل لجميع الفرق المسيحية المعروفة يوم

الناس هذا. هذه الفرقة في القرن الرابع؛ وليس قبل ذلك، أصبح اسمها «الأرثوذوكس» –أي أصحاب العقيدة الصحيحة- بينما النسخة الأخرى وصمت «هتروذوكس» أي أصحاب العقيدة الضالة أو البدعة. وبما أن المنتصر هو الذي يكتب التاريخ؛ فقد كتبت المسيحية اليونانية تاريخها وتاريخ خصومها، بعد أن منعت وأحرقت مصادرهم، ولم يبق لنا إلا ما نلتقطه من كتاباتهم في الرد على خصومهم؛ أهل البدع. لقد ظل العالم طيلة القرون الماضية تحت سيطرة وجهة النظر الأحادية هذه، ولا يعرف إلا نسخة واحدة؛ وصورة واحدة للمسيحة تحت تأثير المصادر الأرثوذوكسية. أخيرًا؛ أرسل الله تعالى المعزي؛ روح الحق، الذي بشر به المسيح، ليضع كل فرقة في مكانها. وفي العصر الحديث من الله تعالى علينا بالكشوف العلمية الباهرة التي أعطتنا الصورة الكاملة.

إن حدود بحثي الزمنية –القرون المسيحية الأولى- يحدد المعنى الدلالي للمصطلح الذي لابد أن أستعمله للإشارة إلى الوضع السائد يومئذ. ولأسباب البحث والتحقيق العلمي؛ سأستخدم المصطلحات السائدة تاريخيًا، لكن بغير دلالاتها اللغوية، بناءً على ذلك فإنني عندما أستعمل مصطلح الأرثوذوكس في عملي هذا؛ لا أقصد أن أشير إلى الفرقة التي تمثل إحدى ثلاث كنائس تمثل المسيحية الحالية، بل أستعمل هذا المصطلح في حدود بحثي الزمنية – القرون المسيحية الأربعة الأولى- قبل الأسماء والأحكام الزائفة، عندما كانت النسختان تعيشان معا في بلد وأحيانا كنيسة واحدة، وقبل انتصار واحدة منها أخيرًا (وليس أولًا)؛ في مجمع نيقية، وقبل أن تستأثر باللقب المحبب؛ اسم «أرثوذوكس» (أي أصحاب العقيدة

الصحيحة) وعندما منتحت الباقين الاسم السلبي (هتروذوكس) أي أهل البدعة.

لاحقًا بعد ذلك؛ في تقسيم آخر، انشطرت هذه الفرقة «الأرثوذوكس» إلى فرقتين، ثم كل منها تفرعت فروعًا، وأخيرا ظهرت فرقة ثالثة هي البروتستانت. إن اسم «الكنيسة الكاثوليكية» لم يعرف بهذا المعنى، أي كنيسة مستقلة عن كنيسة أو كنائس أخرى إلا متأخرًا في العصور الوسطى. كان هذا عندما وقع الانشقاق العظيم East–West Schism وهو انشقاق كنائس الشرق والغرب عن بعضها البعض، مشكلة بذلك فرع غربي لاتيني(كاثوليكي) وفرع شرقي بيزنطي (أرثودوكسي)، وعادة يرجع تاريخ هذا الانشقاق إلى عام ١٠٥٤م. والانقسام بين الشرق والغرب جاء في الواقع نتيجة فترة طويلة من الجفاء بين المسيحية اللاتينية واليونانية.

❑ ما الاسم المناسب للنسخة المسيحية الأصلية؟

هل هو المسيحية اليهودية؟ من ناحية؛ هذا الاسم صحيح باعتبار المسيحية هي امتداد لليهودية والكتب المقدسة العبرية. لكنه، من جهة أخرى؛ سوف يحدث ارباكًا في البحث، نظرًا للانفصال التام بين الديانتين في الواقع.

❑ هل من المناسب أن نطلق عليها «المسيحية المفقودة»؟

لكنها؛ بعد نزول القرآن الكريم وكشف الحقائق التي لم يكن نعلمها؛ ومعنا كل العالم، لم تعد مفقودة اليوم فها هي بين أيدي من شاء من العلماء والنقاد.

هذه المسيحية لَمْ تعُدْ مفقودة، وإن كان معظمها فُقِدَ لقرونٍ، لكنها اكتشفت قديمًا؛ منذ نزول القرآن في القرن السابع الميلادي؛ وفي العصر الحديث من خلال الكشوفات الأثرية أو في عملياتِ البحث المنظّمةِ في الأديرةِ والمكتبات العامةِ في الشرق الأوسطِ وأوروبا أو بواسطة الفلاحين والبدو.

أحيانًا يسمونها بالاسم المخيف «البدعة» أو «الهرطقة» مستندين على تعريف السنة والبدعة الذي سوف نناقشه بعد قليل.

لكن ذلك غير مناسب لسببين:

الأول: أن جميع الفرق المسيحية والصور والأفكار عاشت في القرون الأربعة الأولى دون التمييز بين السنة والهرطقة؛ أو بين ما هو صحيح وما هو باطل عقائديًا. دون رسم حدود فاصلة وواضحة، فكثير من المسيحيين الذين كانوا روادًا وآباءً للكنيسة في القرن الثاني، وسموا لاحقًا بالوصف المذموم «بدعة».

الثاني: أنّ جميع الصيغ المسيحية اتهمت بالهرطقة بما في ذلك الفرقة التي انتصرت أخيرًا في مجمع نيقيا. وأنّ كل الفرق تنافست على الاسم الجميل «السنة» أو القانونية.

لكن؛ ولضرورة النقاش، سوف أستعمل المصطلحات السائدة؛ وأشير إلى النسخة المسيحية الأصلية باعتبارها «المسيحية المفقودة». وهذا الوصف صحيح ولو من الناحية العملية، في وإن عرفت نظريًا لكنها مفقودة؛ مع الأسف، في الواقع.

على كل حال سأترك الحرية للقارئ الصبور ليختر الاسم المناسب؛ بعد بيان المعاني الصحيحة، بين أن يسميها اليهودية أو الأصلية؛ أو المفقودة، أو مسيحية المسيح؛ يقابلها المسيحية اليونانية (نسبة للغة التي كتبت بها والعالم الذي نشأت فيه) أو المسيحية البولسية (نسبة لمؤسسها الفعلي ومحاميها الأول القديس بولس) صاحب إنجيل الغرل أو إنجيل الوثنيين؟

اهتمامي في هذا البحث بالكشف والمقارنة بين النسختين؛ مسيحية المسيح المفقودة، المسيحية الأصلية، نشأتها وتطورها وعقائدها، في القرون المسيحية الأولى وحتى مجمع نيقيا في القرن الرابع الميلادي. في هذا العمل أقدم للقارئ والدارس لتاريخ المسيحية وعقائدها؛ القصة الكاملة.

الفصل الأول

مشكلة المصطلحات

السنة والبدعة
أو
(الأرثوذكس والهتروذوكس)
في المسيحية المبكرة

لقد وقع كثير من المسيحيين في فهم السنة والبدعة (الأرثوذكس والهتروذوكس) تحت سيطرة كتابات تاريخ المسيحيةِ المبكّرةِ الذي دونه الأرثوذوكس أنفسهم. هذه النظرة التي نجدها عند بطل الأرثوذوكس التاريخي أثناسيوس Athanasius ومؤرخ الكنيسة الأشهر يوسابيوس[(١)] Eusebius، وكما تصور لنا المصادر المسيحية الأخرى التي نقرأها اليوم، حيث تعطي فهمًا مخالفًا للواقع لمفهوم أهل السنة وأهل البدعة، أو السنة والبدعة، مفهومًا شاعريًا لكن ليس واقعيًا، أي ليس متفقًا مع حقائق التاريخ. وفقًا لهذه النظرة: البدعة تفرعت عن السنة، وهو شيء رفضه أغلب المسيحين، وكانت هذه البدعة مطاردة ومهزومة، بينما السنة (أي العقيدة المنقولة عن المسيح وتلامذته) هي السائدة والمنتصرة بقوة الله وجهود الرسل والقديسين. يقول أثناسيوس:

(١) يوسابيوس Eusebius هو أسقف القيصرية في القرن الرابع والمعروف بـ«أبِّي تأريخِ الكنيسةِ» الذي رسم أسلوب الكتابة التاريخية المسيحية لعصور طويلة تلت.

«كيف ينتمي هؤلاء الى الكنيسة الجامعة، وهم قد انفضوا عن الإيمان الرسولي ونبذوه وصاروا مبتدعين شرورا جديدة، وبعد أن نبذوا أقوال الكتابات الالهية..»(١)

ويقول: «بقدر ما نأت وابتعدت الهرطقات عن الحقيقة، بقدر ذلك ابتدعت واستنبطت لنفسها جنونا وخبلا بات جليا واضحا. وصار كفر وتجديف هؤلاء الناس ظاهرًا بينا للجميع منذ القدم. لأن خروج الذين ابتدعوا أمور الخداع هذه، عنا - من الممكن أن نثبته ونوضحه))(٢) و«هذه الهرطقة إنما هي غريبة، ولم يتسلموها عن الآباء. والذي لم يأت من الآباء، بل أبتدع الآن. فأي شيء آخر يمكن أن يكون...»(٣) ثم بجهود الكنيسة والثبات على السنة تختفي البدعة ويهرب أصحابها بعيدًا أو يموتوا شر موتة.(٤)

البِدَع، إذن، هي شيء دخيل على الإيمان الأصلي، وكانت (كما هو الحال في كُلّ شرّ بحسب أثناسيوس) بوحي من الشيطانِ وأعوانه الأشرار،

---

(١) أثناسيوس، أثناسيوس الرسولي؛ ضد الأريوسيين (الرد على آريوس)؛ مؤسسة القديس أنطونيوس، مركز دراسات الآباء، مصر، ١: ١١. وقارن مع يوسابيوس، تاريخ الكنيسة، (الباب الثّاني، فصل ١٤: ١-٣؛ والثّالث، فصل ٢٦-٢٧؛ والسادس: ٧: ١-٣)

(٢) أثناسيوس١ : ٨.

(٣) أثناسيوس ١ : ١٨

(٤) المصدر نفسه.

الذين يحملون الأشخاصَ السيئين على إفْساد الإيمانِ المنقول عن حواريي المسيح. طبقًا لهذه النظرة «القديمة» للسنة والبدعةِ، «الأرثوذكسية» تَمثل التعاليم التي دَعا إليها المسيح وحواريوه من القرن الأول، وانَتشرَت حول العالم بواسطة مسيحيي الجيلِ الأولِ، وشهد عليها وآمن بها أو أجمع عليها أغلبية المؤمنين في كُلّ العصور. أما البدعة وأهل البدع فهم كل من ينكرُ حقائق هذا التعليم الرسولي، أَو من يحرفُه معناه الصحيح، هذا هو ما يسمى «بدعةً» (أي اعتقاد خاطئ). البدعة، إذن، شيء دخيل دائمًا بالنسبة للحقيقةِ؛ مع أنها اشتقت منها لكن مع شيء مِن التحريف. والبدعة تُمثّل تلوّيثا للتعاليم الأصليةِ للمسيحيةِ بأفكارِ خارجية، إمّا مِن الأوساط اليهوديةِ أَو مِنْ أفكار الفلاسفةِ الوثنيينِ، هذه هي الصورة القديمة للمسألة.

لكن هذا الفَهْم للعلاقةِ بين الأرثوذكسية والهتروذوكس «البدعةِ» واجه تحديًا كبيرًا في سنة ١٩٣٤ بما نشرِه والتر بور[١]: Walter Bauer «السنة والبدعة في المسيحية المبكرة»[٢] الذي ربما يكون أهم بحث كتب عن تاريخ المسيحيةِ المبكّرةِ في العصر الحديث.

---

(١) والتر بور Walter Bauer (أغسطس/ آب ٨، ١٨٧٧ - نوفمبر/ تشرين الثّاني ١٧، ١٩٦٠) ألماني، عالم في تاريخ وتطور الكنائسِ المسيحية القديمِة. والاحالات إليه هيُ للترجمةُ الإنجليزيةُ للطبعةِ الثانيةِ.

(٢) See: Walter Bauer, (.1934.) Orthodoxy and Heresy in Earliest Christianity, (Robert Kraft, (translator) English Translation, ed and supplemented by Robert A. Kraft, and Gerhard Kroedel, with a team from the Philadelphia Seminar on Christian .Origins

برهن بور Bauer على أنّ المسيحية في الحقيقة (ومبكرًا جدا) جسدت عددًا مِن المذاهب المختلفة، بدون أن تكون واحدة منها تمثل الأغلبيةَ بين المؤمنين ضدّ كُلّ الفرق والعقائد الأخرى. في بَعْض المناطقِ، ما سمي لاحقًا «بدعةَ»، كَان في الحقيقة هو الشكل الأصلي والوحيد للمسيحيةِ. في مناطقِ أخرى، النظرة التي اعتبرتُ لاحقًا ضلالية؛ تَعايَشت مع وجهاتِ النظر الأخرى التي تعتَنقَها فرق أخرى في الكنيسةِ ذاتها، مَع أن عامة الناس؛ لاسيما يومئذ، لا يدركون الحدود والاختلافات الفاصلة للتمييز الدقيق بين وجهاتِ النظر المختلفةِ.

كبرهان على فروضه؛ اختار بور Bauer بَعْض المناطقِ الجغرافيةِ من العالم المسيحي القديم، من تلك التي كانت تعيش فيها المسيحية، وقام بمسح ودراسة الوثائق التي تتعلق بها. مثل مصر، أنطاكيا، آسيا الصغرى، مقدونيا، وروما. لقد أخضع هذه المصادر القديمة لمسيحية هذه المناطقِ إلى الاستقراء التام، وبين أنَّه؛ على نقيض تقارير أثناسيوس ويوسابيوس في تاريخ الكنيسة، وغيرهما من الأرثوذوكس، كانت المفاجأة؛ وهي أن النسخة الأولى أَو السائدة للمسيحية في أغلب هذه المناطقِ كَانتْ ضلالية (أي كما وصفها بذلك الحزبِ المنتصرِ في نيقية). وأن النسخة الثانية، يعترف والتر بور Bauer، كانت موجودة أيضا في هذه الأماكن، أعني المسيحيين الذين اعتقدوا عقائد مجمع نيقية والمناصرين للفرقة التي انتصرت لاحقًا في القرن الرابعِ؛ لكنهم دائما؛ وفي كل مكان وجدوا فيه؛ في كافة أنحاء هذه المناطقِ، وفي أكثر الحالاتِ؛ كانوا أقلية و-المفاجأة- كانوا يلقبون ويوصفون بـ «أهل البدع»!

هذا يؤكد أن نسختي المسيحية كانتا تقف على مسافة (قل واحدة أو متقاربة) ومتنافسة بنفس القدر على الأسماء والأحكام: السنة والبدعة. في مجمع نيقيًا؛ أخيرًا ومتأخرًا أربعة قرون بعد المسيح، استقرت الأمور.

بناءً على ذلك ليس صحيحًا، والحالة هذه؛ أن تَستخدم هذه الألقاب (أهل سنة Orthodox وأهل البدعة Heterodox) لوصف بها الفرق المتنافسةِ؛ بمعنى فرقة هي الأصل وتعتقد اعتقادات صحيحة منقولة عن السلف، والأخرى «بدعة ضلالة».

لكن بعد الانتصار السياسي والقانوني؛ وليس العلمي، في مجمع نيقيا؛ وحسم الخلاف بقوة القانون لصالح فرقة وإقصاء الآخرين، بعد تمكن فرقة واحدة من تأسيس دين ومذهب جديد، أصبح يمكن إطلاق هذه الأسماء على الفرق؛ لكن دون أن تدل على معناها اللغوي والمعجمي، بل تطلق كأعلام على فرق مختلفة؛ هذه اسمها أرذوكس والأخرى هتروذوكس، دون الحكم عليها بالسنة أو البدعة. قبل ذلك؛ أي قبل أن يتمكن أحد منهم من تحقيق الفوز في نيقية، التصنيف إلى سنية وبدعية ليس مناسبًا لوَصْف الفرق المسيحية قبل مجمع نيقية وقبل التحريم القانوني للبدع.

هكذا فإن مصطلح «أرثوذكسي»، بمعنى فرقة واحدة دون غيرها تَدْعو لمذهبٍ أصلي أو رسولي أجمع عليه المسيحيون في كل مكان، لَمْ يَوجدْ في القرنِين الثاني والثالث. ولم يكن مصطلح «بدعةَ» يعني عقيدة أو طريقة في فهم الدين مخترعة مخالفة للطريقة الأصلية، أو خارجة عنْ تعليم أصليٍ بتأثير الأفكارِ اليهوديةِ أَو الفلسفةِ الوثنيةِ، كما يدعي أثناسيوس. الاعتقادات

التي أصبحتْ، في زمن مجمع نيقية؛ سواء سنية (أرثوذكسية) أو بدعة (هتروذوكس)؛ كَانتْ في الحقيقة تَتنافسُ كتفسيرات مختلفة للمسيحيةِ، أخيرًا- وليس أولًا- واحدة من هذه الفرق؛ في النهاية (وليس في البدايةً) فازت في المعركة وأقصت الآخرين. هنا فقط عندما فرضت فرقة واحدة نفسها بقوة القانون؛ وبدعم سياسي؛ على العالم المسيحي ظهر حزب «أغلبيةِ» و«أرثوذوكس»؛ فقط عندها كان هناك «اعتقاد صحيح» يُمثّلُ وجهةَ نظر الكنيسةِ المسيحيةِ بعد نيقا.

إذن؛ وفقا لبور Bauer، الأوصاف الأرثوذكسي هتروذوكس، أو سنة وبدعةٍ، لَمْ يَعُدْ من الممكنُ أَنْ تَدل على المعنى المعجمي لكل منهما؛ أي الدلالة التي يوحي به علم اللغة، أَو الدلالة التي أراد الأرثوذوكس أن يفرضوه في مصادرهم التاريخية.

بناءً عليه؛ بور Bauer ينفي أنّ اصطلاح الأرثوذكس Orthodox كان قبل نيقيا يُشير إلى «اعتقادات صحيحة» وهتروذوكسHeterodox» إلى اعتقاد خاطئ. نعم هو نفسه؛ ولضرورة البحث، استعمل بورBauer هذه المصطلحات لكن بشكل وصفي بحت؛ أي للإشارة إلى الفرق المختلفة؛ ويعني بها حسب اصطلاحه: أن الأرثوذكس هي الفرقة الذي انتصرت في النهاية على بقيّة الفرق المسيحيةِ، والأفراد والفرق التي اعتنقت عقائد وعقائد أخرى مخالفة لهم هي بِدَعة أو (هتروذوكس)؛ دون أن يعني أبدًا الحكم الشرعي على هذه الفرق؛ أي واحدة منها صحيحة والأخرى باطلة، ودون أي تقييم ذاتي. ودون أن يَعتنق الفكرةَ التقليدية التي تقول بأن إحدى

المجموعاتِ (الأرثوذكس مثلًا) لها أولويةَ تاريخية وتفوقَ عدديَ وعقائديِ على الآخرين. كلنا نضطر لعمل ذلك؛ عندما نسمي وننادي شخصًا ما «عادل» أو «صالح» بغض عن تقييمه من حيث العدل والصلاح، بل نستعمل الاسم كاسم علم فقط على صاحبه بغض النظر عن صدقه أو عدمه.

أيضًا يعترف بور Bauer بالواقع؛ وهو أن أغلب المصادر التاريخية اليوم؛ والتي كتبها المنتصرون، والباقية على قيد الحياة؛ تَشْهدُ لهذا الفَهْم المتأخر والخاطئ للسنة والبدعة؛ لأنهم هم الذين كتبوا التاريخ، لكن ليس هذا مطابقًا للحقائق التاريخية، أي أنّ الأرثوذوكس كانوا يمثلون الاعتقاد المسيحيِ السلفي في القرون الأولى؛ وإن كان فعلًا يتطابق مع «الحادث المؤلم والمفاجأة المؤسفة» أي انتصار حزب الأقلية والفرقة الضالة في القرن الرابع.

لكن بما أن الفائزين هم الذين يَكْتبونَ التأريخَ: هكذا كتب أنصار الأرثوذوكسية المتأخرين (أي الفرقة المنتصرة) ونقلوا كتاباتَ أسلافهم وأصرّوا على أنّها تمثل رأي الرسل وإجماع الأغلبية المسيحية بدءا من العصور الأولى.

هكذا لعدة أسبابٍ؛ فرقة واحدة من فرق المسيحيةِ المبكّرةِ انتصرت وحققت سيطرة وفَرضتْ عقيدتها على المجموعاتِ الأخرى التي اعتنقت الآراء المخالفة وأقصتها، وفرضت النسخة المسيحية المتأخرة. هذه النسخة الأخيرة للمسيحيةِ، - هي النسخة التي أثرت على كُلّ الفروع الأخرى مِن المسيحيةِ بعد ذلك وحتى يومنا هذا، هي النسخة المصدر لقانون الإيمان

وعقائد مجمع نيقية Nicene، والأصل للكاثوليكية، والأرثوذكسية، والبروتستانتية.

آمن العلماء المعاصرون، أو أكثرهم، بنتائج بحث والتر بور Walter Bauer، فأكثر العلماءِ اليوم يَعترفونَ بأنّه لا يُمْكن أنْ تُستَعمل هذه الألقاب في معناها الاصطلاحي الأرثودوكسي، أعني، لوصف الإيمانِ الحقيقيِ أَو الأصليِ أو الصحيح من ناحية والانحرافات الدخيلة عليه من ناحية أخرى. لأنه إذا كان تعبيرَ«الأرثوذكس»، يعني الفرقة الفائزة؛ وليس الصحيحة، للمسيحيةِ، عندئذ قبل فوزها، عقائد هذه الفرقة لا يمكن أن تصنف كأرثوذوكسية.

نعم حتى قبل الأحداثِ الحاسمةِ للقرن الرابعِ كان هناك مسيحيون متفرقين اعتنقوا عقائد مشابهة جدًا لتلك الأفكار التي أصبحت لاحقًا أرثوذكس، ولهؤلاء الكُتّابِ الذين كانوا يكتبون في القرنِين الثاني والثالث؛ والذين أصبحوا سلفًا وقدوة لأبطالِ الأرثوذكس المتأخرين مثل أثناسيوس ويوسابيوس، لكن في كل الأحوال كانوا أقلية وفرقة من عدة فرق. وفي المقابل العقائد الأخرى؛ مثل المسيحية الأصلية، كانت موجودة من القرن الأول ومثلت؛ في أغلب الأحيان والأماكن، أغلبية المسيحيين. إذن هذه الاصطلاحات في الحقيقة تَبْدو رغم كل شيء مجرد ألقاب- وتوحي بمعنى زائف وتسبب لبسًا، وفي نفس الوقت لها أضرار سلبية وسيئة ومُربكة جدًا، عند دراسة تاريخ المسيحية.

قبل مجمع نيقيا والانتصار الحاسم للأرثوذوكس (الفرقة المنتصرة)،

الأسماء والتصنيفات والأحكام مثل أرثوذكس (يعني بمعنى معجمي: يعتقدون عقائد صحيحة) هتروذوكس (بمعنى معجمي: يعتقدون عقائد بدعة) لم تكن كذلك. لكنها لاحقًا؛ وأخيرًا وليس من البداية، وضعت هذه الأسماء والأوصاف والأحكام، بعد وضع قانون نيقية؛ وخليقدونيا أيضًا، أي بعد رسم خطوط واضحة بين ما هو أرثودوكسي وما هو هتروذوكس. قبل ذلك وجهاتِ النظر هذه كَان يصعب تصنيفها باعتبارها أرثوذوكسية (صحيحة) أَو (هتروذوكس) ضلالية؛ في القرون الأولى، قبل نيقية، لأن خطوط والحدود بين ما هو سنة وبدعة لم تكن قد رسمت بشكل واضح.

بعد مجمع نيقيا وانحياز الإمبراطورِ الروماني الوثني إلى إحدى الفرق دون غيرها؛ ولسوء الحظ كانت هي الفرقة الضالة، وبعد التحريمِ القانوني للبدعةِ، وبعد المجامع التي أقيمت للفصل بين الخلافات العقائدية البدعية وخَلْع «الزنادقةِ» مِن الوظائف الكنسيةِ- مثل مجمع نقيا في سنة٣٢٥ م ومجمع خلقدونيا (٤٥١ ميلادية) المعروف ببيانه المفصل، ولو كان متناقضا، حول طبيعة المسيح [المسيحيات] Christology،[(١)] أصبح

---

(١) مدينةِ خلقيدونية (في القسم الشرقي من تركيا حاليًا) ونص بيان مجمع خلقدونيا: «ربنا يسوع المسيح؛ هو نفسه كامل في الربوبيةِ وكاملٍ في الإنسانية، إله حق وإنسان حق، روح وجسد؛ طبيعة واحدة [homoousias] مَع الأبِّ، لكنه إنسان؛ مثلنا تمامًا لكن بلا ذنبٍ؛ المسيح نفسه؛ ابن، رب، مولوده الوحيد، له طبيعتان، بدون اختلاطِ، بدون تغيرٍ، بدون انقسام، بدون انفصال؛ اختلاف الطبيعةِ لم ينقض التوحيد أبدًا؛ لكن على العكس خصائصَ كُلّ طبيعة محفوظة، وتجتمعا معا لِيُشكّلَا شخصًا واحد ووجودًا (اقنوما [hypostasis] واحدًا، ليس منقسمًا، أَو = ⇦

هناك أرثوذوكس وهتروذكس، قبل ذلك لا نَجِدُ مسيحيين يُوبّخونَ مسيحيين آخرين لأنهم يَحملون نفس الاسمَ «مسيحيين» لكن يفسرون الدينَ بشكل مختلف؛ كما فعل لاحقًا أبطال الأرثوذوكس ومؤرخوهم.

علاوة على ذلك، كُلّ الفرق المختلفة كانت تَبْدو مُتَأَكِّدة مِنْ تفسيراتِها للعقيدة، وهذا يَعْني أنّ كُلّ فرقة فَهمتْ نفسها باعتبارها أرثوذكسية (أي يعتنقون «الاعتقادات الصحيحة») وأن كلّ الفرق الأخرى ضلالية.

❑ الصورة الصحيحة للتاريخ:

هكذا تتلخص الصورة في الحقيقة؛ على خلاف الصورة التي تريد المصادرِ التاريخية الأرثوذوكسيةِ أن ترسمها:

ضمت المسيحية عددًا مِن المسائل العقائدية المتناقضة، أَو بالأحرى، عددا مِن الفرق المسيحية المختلفة عقائديًا. في ذلك الوقت، لم يكن هناك مذهب أو فرقة «أرثوذكسية» (بمعنى) مذهب صحيح يعتنقه أو يجمع عليه أغلبية المسيحيين، ولا أي نظامَ عقائدي أصلي تعترف به أغلبيةِ أعضاء الكنيسة. بل لم يكن في الكنيسة الواحدة فهما واحدا للدينِ، وكانت عدة عقائد أو فرق تتعايش في الوقت والمكان نفسه وفي الكنيسة نفسها.

=

منفَصلًا في شخصين، بل نفس الشَّيْء نفسه تمامًا: الابن والمولود الوحيد لله، الكلمة، الرب يسوع المسيح. انظر:

Henry Bettenson (2011) Documents of the Christian Church, Oxford University Press, USA; 4th edition, pp. 97-98.

لقد عرفنا هذه الحقيقة التاريخية المتعلقة بتاريخ المسيحية فقط في العصر الحديث قبل بِداية هذا القرنِ، بفضل الاكتشافات الحديثة للكتاباتِ غير القانونية في القرن الحالي، مثل مكتبة نجع حمادي المسيحية المكَتشفة قُرْب مدينة نجع حمَّادي بمصر المحروسة المحمية، سنة ١٩٤٥، والتي أكّدتْ وجودَ هذه الفرق المسيحية الأصلية وأوضّحتْ بعض سماتها العقائدية.

إذن قبل اكتشاف هذه الكنوز العلمية كان فَهْمنا عِن البدعة المسيحيةِ من طرف واحد. والآن أصبح لدينا مصادر مباشرةُ حول الاعتقادات والعبادات التي تصف لنا صيغًا مختلفة من المسيحيةِ المبكرة.

ما هو أكثر إثارة حول مكتبة ورسائل نجع حمَّادي أن بعضها يخوض في نقاشات دينية ضدّ الميولِ الضلاليةِ للفرق الأخرى، من ذلك الفرقة التي فازت وحققت عقائدها الفوز في النهاية، وفازت بالاسم الرائع أي: المسيحيون «الأرثوذكس» أنفسهم. بينما الفرق التي وصفت أخيرًا في القرن الرابع بأنها ضلاليَة كانت في هذه المصادر هي الأرثوذوكسية (أي أنهم يعتقدون «اعتقادات صحيحة») ومجموعات أخرى أصبحت بعد ذلكَ (أرثوذوكس) كانت بدعة وضلالة (أي اعتقدت أفكار وأراء وعقائد مخالفة) في هذه الوثائق.(١)

مما سبق يتبين أهمية هذين المصطلحين «السنة والبدعة» بالنسبة لتاريخ

---

(١) See: Ehrman, Bart D. The Orthodox Corruption of Scripture, pp. 10-12.

المسيحية. بالرغم من ذلك فإن البحث في هذا الموضوع يتركز غالبًا على عصور المسيحية المتأخرة. أما العصور المسيحية الأولى فغالبًا ما يمر عليها الباحثون مرور الكرام. في هذه الأبحاث نجد وصفًا «للبدع» التي رد عليها المؤلفون المسيحيون في الكتابات المبكرة، تدرس من زوايا مختلفة، ولها نتائج متعددة. هذه الأبحاث تكتب عادة وفقًا لمسلمة لدى هؤلاء الكتاب؛ تلويحًا أو تصريحًا، أن كل بدعة من هذه البدع هي انحراف عن المسيحية الأصلية. ولكن البحث وفقًا لهذه المنهجية ينطلق من وجهة نظر آحادية؛ هي حكم آباء الكنيسة على «البدع» الذين كانوا في الحقيقة رافضين لها. هذا الفريق الذي جاء إلى منصة الحكم بسبب الصدفة؛ وليس عن جدارة أو موضوعية، وأصبح يمتلك الصوت الأعلى؛ بل الصوت الوحيد- لأن الأصوات الأخرى تم وأدها. أليس المؤرخ كالقاضي يستمع وجوبًا لطرفي النزاع؟! وإذا كان أحد طرفي النزاع ألحن بحجته من صاحبه فإن على القاضي «المؤرخ» تقديم العون المناسب للطرف الآخر بدلًا من التسليم لبلاغة الخصوم.! وهل يمكن للقاضي «المؤرخ» أن يتجاهل حجة الطرف الآخر باعتبارها وثيقة غير موجودة وبالتالي غير مؤثرة في الحكم؟

في العصر الحديث لم يعد هناك شك في أننا لا يمكننا فهم تاريخ المسيحية وفقًا للنتيجة التي تصورها لنا الكتابات التي صارت لاحقًا هي الكتب المقدسة، وفهمناها باعتبارها جزء من خطة الخلاص الإلهي وما يترتب على هذا الاعتقاد من نتائج. لقد فهمنا هذه الكتب، سواء الأناجيل أو رسائل القديس بولس، وفقًا للعصر التي كتبت فيه، كسيرة موثقة لحياة المسيح، مرتبطة بمواقف محددة، وغير قابلة للتكرار، ولها حدود مكانية

وزمانية لصلاحيتها.

إذن يجب علينا كذلك أن نتناول «البدعة» بنفس الطريقة. وفقًا للزمن الذي وجدت فيه، بدلًا من تقييمها وفقًا لوجهة نظر الخصوم؛ ووفقًا للعقيدة الكنسية التي كانت تتطور بشكل دائم، والتي أصبحت فيما بعد مقياسًا للحكم على الآخرين.

يمكننا فهم الأهمية التي تمثلها «البدعة» لفجر المسيحية وتطورها عندما نضع أنفسنا قدر الإمكان في الفترة التي كانت فيها، بشرط التخلي عن جميع الأفكار والأحكام المسبقة. يجب أن نبقى منفتحين على جميع الاحتمالات. فما هو «الحقيقة» في جيل ما يمكن أن يكون غير ذلك في الجيل التالي، إما بسبب قدمه، أو من خلال الرجوع إلى حقيقة سابقة. قد لا يكون الواقع في منطقة معينة هو نفسه في منطقة أخرى، لا يكون انتشر فيها على نطاق واسع.

ربما - وأكرر، ربما - لم تكن بعض مظاهر الحياة المسيحية التي رفضها آباء الكنيسة أو مؤلفو الكنيسة باعتبارها «بدع» لم تكن في الأصل كذلك على الإطلاق، بل كانت، على الأقل في بعض المناطق، هي الشكل الوحيد للدين الجديد؛ بمعنى، أنها كانت في تلك المناطق هي الصورة الصحيحة «للمسيحية». وربما كان أتباعها يشكلون الأغلبية، وأنهم كانوا ينظرون بازدراء واحتقار إلى الأرثوذكس، الذين كانوا بالنسبة لهم هم «أهل البدع». بناءً عليه؛ أنا لا أستخدم هذه المصطلحات (سنة-بدعة) في الفصول التالية، بحيث يشير مصطلح «السنة» إلى ترجيح أو أغلبية لفريق، بينما تشير الآخر

«البدعة» لوصف الأقلية. بينما يمكن أن تتبادل الأغلبية والأقلية المقاعد، قد يؤدي مثل هذا الاستخدام للمصطلح، الذي لن يكون مانعا أو جامعًا، على السنة أو البدعة، مما يؤدي إلى الغموض وسوء الفهم. لذلك أنا لن أفعل ذلك، في هذا الكتاب، ستشير مصطلحات «السنة» و«البدعة» إلى ما يفهمه المرء عادةً وعمومًا من معانيهما المعجمية؛ مع فرق واحد فقط، وهو أننا لن نسمع مناقشة الخصمين اعتمادًا على شهادة واحدة؛ شهادة الكنيسة - أي من طرف واحد - بل اعتمادًا على حقائق التاريخ.

لكي نستبعد من البداية جميع الانطباعات والأحكام المسبقة، سأبدأ من الرؤية المتعلقة بأهل البدع وعقائدهم التي كانت تصورهم بها بالفعل الكنيسة القديمة في القرن الثاني، وسأختبر مدى صحتها، آملًا في اكتشاف، من خلال هذا المنهج النقدي، طريقًا نحو الهدف. يشمل الموقف الكنسي تقريبًا النقاط الرئيسية التالية:

ترك المسيح تلاميذه على المحجة البيضاء والعقيدة النقية، سواء قبل موته، أو في الأيام الأربعين التي تسبق قيامته. بعد صعود المسيح نهائيًا، تقاسم التلاميذ العالم فيما بينهم، وأخذ كل منهم الإنجيل الصحيح إلى الأرض التي ذهب إليها. بعد عصر التلاميذ، انتشر الإنجيل بشكل كبير. ولكن تظهر عقبات أمام الدعوة داخل المسيحية نفسها. يريد الشيطان أن يزرع الأعشاب الضارة في حقل القمح الإلهي وينجح في ذلك. هكذا يتخلى المسيحيون الذين أعمى الشيطان أبصارهم عن العقيدة الصحيحة. يحدث هذا التطور وفقًا للتسلسل التالي: الكفر > الإيمان الصحيح > البدعة. لا

يمكن أن يتصور أبدًا فكرة أن الكفر قد يتحول مباشرة إلى ما تسميه الكنيسة بالبدعة. بل حيثما توجد بدعة، يجب أن تكون السنة قد سبقتها. على سبيل المثال، يرسم أوريجانوس الصورة بهذه الطريقة: «جميع أهل البدع كانوا أولًا مؤمنين؛ ثم فيما بعد انحرفوا عن قاعدة الإيمان.» بالطبع، الإيمان الصحيح لا يُقهر؛ وعلى الرغم من جميع جهود الشيطان ووسائله، فإنّ الإيمان يصد الكفر والبدع، وينتشر نوره في كل مكان.

لم يجد البحث العلمي صعوبة في نقد هذه المسلمات. الذي يكشفه البحث العلمي أن العقيدة الكنسية الحالية لم تكن هي عقيدة يعقوب؛ وكذلك التلاميذ الاثني عشر لم يدافعوا عن نقاء وصحة العقيدة الكنسية المعروفة. علاوة على ذلك، المنهج التاريخي؛ الذي يستحق هذا الاسم، يرفض استخدام المصطلحات المتقابلة «سنة»= «صحيح» وبدعة= «غير صحيح»، أو «سيء» و«جيد» هنا. ليس من السهل إقناع المنهج العلمي بالدونية الأخلاقية التي نسبتها الكنيسة إلى الهراطقة. بل نجد هنا نفس الدعوى المحرجة والكاذبة التي صدرت عن بعض المسيحيين بأن بولس طلب الزواج من ابنة رئيس الكهنة وعندما رُفض، بدأ الثورة ضد التوراة (إبيفانيوس، هر. ١٦ , ٣٠).

ومع ذلك، عاجلًا أم آجلًا، يصل النقد إلى نقطة يتوقف فيها. بالنسبة لي، فإنه يستسلم بدرجة كبيرة للرأي الكنسي حول ما هو مبكر ومتأخر، أصلي وفرعي، جوهري وثانوي بالنسبة لتاريخ المسيحية المبكرة. إذا كان انطباعي صحيحًا، فإن الرأي السائد بشكل كبير حتى اليوم أن العقيدة الكنسية في فجر

المسيحية (بالطبع، بحسب ما يتعلق الأمر بمرحلة ما من تطورها) تمثل بالفعل ما هو الاعتقاد الصحيح، في حين أن الهرطقات، من ناحية أخرى، تشكل نوعًا من الانحراف عن هذا الأصل، غير صحيح. لا يمكنني القول إن هذه الرؤية حتمًا خاطئة، ولكن لا يمكنني أيضًا اعتبارها بديهية أو حتى مثبتة وواضحة. بدلًا من ذلك، نحن نواجه هنا مشكلة تستحق الاهتمام.

هكذا يمكنني وضع الحدود الموضوعية لكتابي بشكل أكثر دقة، وبناءً عليه سأكون مخيرًا في تجاوز الكثير من الموضوعات الأخرى؛ والتي كان يمكن أيضًا دراستها تحت العنوان الذي اخترته. على سبيل المثال، لا أنوي تقديم وصف مكرر لعقائد الهراطقة القدماء، بل أفترض أنها معروفة جيدًا، إلى جانب العديد من المسائل الأخرى. نحن نعيش في زمن يميل إلى الإيجاز، ولا يتسامح مع التكرار الممل لما تم تقديمه بالفعل بصورة كافية من قبل. لذلك، من يطالع هذا الكتاب على أمل أن يجد فيه ملخصًا لما ساهم به الزملاء من العلماء بالفعل في هذا الجانب أو ذاك من الموضوع، سيصاب بخيبة أمل.

بالنسبة لهدف البحث لن يكون العهد الجديد مفيدًا لهذا الهدف لأن العهد الجديد نفسه متنازع عليه بشدة بحيث لا يمكن أن يعتبر نقطة انطلاق. لا يمكن الوثوق بترتيب غالبية كتاباته المناهضة للهرطقات لا من حيث الزمن ولا من حيث الجغرافيا؛ ولا يمكن تحديد الظروف الدقيقة لنشأتها بدقة. إذن الأفضل أن نستعين أولًا بمصادر أخرى فيما يتعلق بالعلاقة بين السنة والبدعة، حتى نتمكن، مع المعارف التي قد نحصل عليها من هذه

المصادر، من محاولة تحديد زمن ومكان نشأتها. لقد اخترت أن أبدأ مع إوديسا ومصر للحصول على معلومات عن فجر المسيحية وصورتها الأصلية في مناطق أخرى غير تلك التي يصورها العهد الجديد كمناطق تأثرت بهذا الدين.

يبقى سؤال: هذا الشكلِ الجديد للمسيحيةِ، -الشكلِ الأساس لكُلّ الفروع الرئيسية للمسيحيةِ بعد ذلك وحتى يومنا هذا، الشكل المسؤول عن قانون الإيمان وعقائد مجمع نيقيا Nicene، المسؤول عن الكاثوليكية الرومانيةِ، والمسيحية الشرقية، والبروتستانتية، كيف حقق السيطرة؟ هذه أحد الأسئلة الهامة التي أجاب عليها والتر بور Walter Bauer في رائعته (السنة والبدعة في المسيحية المبكرة). لقد سيطرت وانتصرت هذه النسخة من المسيحيةِ؛ في كنيسةِ روما؛ لأنها استعملت نفوذها السياسي والقانوني، وتفوقها الإداري، ومصادرَها الماديةَ الواسعةَ، لفرض عقيدتها وللقضاء على الفرق والجماعات المسيحيةِ الأخرى.(١)

.See: See: Walter Bauer, Orthodoxy and Heresy, PP. 95-129 (١)

الفصل الثاني

المسيحية

نشأتها وتطورها

البيئة اليهودية للمسيحية

اليهودية كانت الدين الوحيد الذي يعرفه المسيح وتلاميذه الأوائل. لقد كان المسيح نفسه يهوديًا، كما كان كذلك تلاميذه. ولد في أسرة يهودية ونشأ في بيئة يهودية، ذات ثقافة يهودية، وعبد إله اليهود، واحتج بالكتاب المقدس اليهودي، وحافظ على العادات والأعراف اليهودية، وأصبح معلما يهوديا، وعظ الجموع اليهودية. تم إعدامه بدعوى أنه ادعى أنه ملك اليهود.

تعترف اليهودية وتؤمن بإله واحد، إله حي قيوم؛ خالق كل شيء، ويخضع له كل الخلق، وتؤمن بعالم الغيب؛ بأن الله تعالى أعد الجنة لعباده الطائعين، والنار لأهل المعاصي. وتشتمل على عبادات وأعمال كالصلاة والذبح لله. تذبح الأضاحي في المعبد المقدس بواسطة الكهنة، وفقا للطقوس التوراتية. يتم حرق أجزاء من الحيوان، معظم الأضاحي كانت تقربا لله. تتضمن هذه الطقوس أن يقوم الكاهن بسلخ الجلد، وتقطيعه، وأحيانًا يطهى اللحم. ويجوز أن يأخذ صاحبها أو مقدمها أجزاء منها لتناوله مع عائلته وأصدقائه في العيد. كانت الصلاة جزءًا مهمًا من عبادة اليهود.

فاليهودية ديانة توحيدية تقرر وحدانية الإله المعبود بحق وتقر بوجود آلهة أخرى باطلة، لكن الإله الذي تجب عبادته وحده هو رب إبراهيم والأنبياء من بعده، خالق السماوات والأرض. وتكرر التوراة وما ألحق بها من كتب هذه الحقيقة في كل مناسبة، والتوحيد أول وأعظم الوصايا في

الكتاب المقدس:

«أَنَا هُوَ الرَّبُّ إِلَهُكَ الَّذِي أَخْرَجَكَ مِنْ أَرْضِ مِصْرَ دِيَارِ عُبُودِيَّتِكَ. ٣لاَ يَكُنْ لَكَ آلِهَةٌ أُخْرَى سِوَايَ. ٤لا تَنْحَتْ لَكَ تِمْثَالًا، وَلَا تَصْنَعْ صُورَةً مَّا مِمَّا فِي السَّمَاءِ مِنْ فَوْقُ، وَمَا فِي الأَرْضِ مِنْ تَحْتُ، وَمَا فِي الْمَاءِ مِنْ أَسْفَلِ الأَرْضِ. ٥لا تَسْجُدْ لَهُنَّ وَلَا تَعْبُدْهُنَّ، لأَنِّي أَنَا الرَّبَّ إِلَهَكَ، إِلَهٌ غَيُورٌ، أَفْتَقِدُ آثَامَ الآبَاءِ فِي البَنِينَ حَتَّى الْجِيلِ الثَّالِثِ وَالرَّابِعِ مِنْ مُبْغِضِيَّ، ٦وَأَبْدِي إِحْسَانًا نَحْوَ أُلُوفٍ مِنْ مُحِبِّيَّ الَّذِينَ يُطِيعُونَ وَصَايَايَ. ٧لَا تَنْطِقْ بِاسْمِ الرَّبِّ إِلَهِكَ بَاطِلًا، لأَنَّ الرَّبَّ يُعَاقِبُ مَنْ نَطَقَ بِاسْمِهِ بَاطِلًا....» [الخروج ٢٠/ ١-٨]

وتصرح التوراة بوضوح بأن اللّه واحد في السماء وفي الأرض، فالإصحاح الرابع من سفر التثنية -العدد ٣٥ يقول: (لتعلم أن الرب هو اللّه وليس غيره) وفي العدد ٣٩ (فاعلم اليوم واقبل بقلبك أن الرب هو الإله في السماء من فوق وعلى الأرض من تحت وليس غيره). وهذا يصدقه القرآن الكريم، في مواطن كثيرة منها قوله تعالى:

﴿ فَٱعْلَمْ أَنَّهُۥ لَآ إِلَٰهَ إِلَّا ٱللَّهُ وَٱسْتَغْفِرْ لِذَنۢبِكَ وَلِلْمُؤْمِنِينَ وَٱلْمُؤْمِنَٰتِ ۗ وَٱللَّهُ يَعْلَمُ مُتَقَلَّبَكُمْ وَمَثْوَىٰكُمْ ﴾ [محمد:١٩]، وقوله تعالى: ﴿ وَهُوَ ٱلَّذِى فِى ٱلسَّمَآءِ إِلَٰهٌ وَفِى ٱلْأَرْضِ إِلَٰهٌ ۚ وَهُوَ ٱلْحَكِيمُ ٱلْعَلِيمُ ﴾ [الزخرف:٨٤] وفي الإصحاح الخامس والأربعين من سفر إشعيا العدد ٥: «أنا هو الرب وليس غيري وليس دوني إله) ٦ (ليعلم الذين هم من مشرق الشمس والذين هم من المغرب أنه ليس غيري أنا الرب وليس آخر). وهذا يصدقه قوله تعالى: ﴿ رَبُّ ٱلْمَشْرِقَيْنِ وَرَبُّ ٱلْمَغْرِبَيْنِ ﴾ [الرحمن:١٧].

وفي (إشعيا ٢١:٤٥-٢٤)

أَنَا الرَّبُّ وَلَا إِلَهَ آخَرَ غَيْرِي؟

إِلَهٌ بَارٌّ وَمُخَلِّصٌ.

لَيْسَ سِوَايَ.

تنزيه الله تعالى عن مشابهة المخلوقين

تتفق التوراة مع القرآن في إثبات صفات الله تعالى، مع التنزيه عن مشابهة المخلوقين، فكما قال الله تعالى: إن التوراة تنزه الله تعالى كالقرآن تمامًا: ﴿لَيْسَ كَمِثْلِهِۦ شَىْءٌ ۖ وَهُوَ ٱلسَّمِيعُ ٱلْبَصِيرُ﴾ [الشورى:١١] إن التوراة تنزه الله تعالى كالقرآن تمامًا، فكما قال تعالى: ﴿لَيْسَ كَمِثْلِهِۦ شَىْءٌ ۖ وَهُوَ ٱلسَّمِيعُ ٱلْبَصِيرُ﴾ [الشورى:١١]، وكما في قوله تعالى: ﴿قُلْ هُوَ ٱللَّهُ أَحَدٌ ﴿١﴾ ٱللَّهُ ٱلصَّمَدُ ﴿٢﴾ لَمْ يَلِدْ وَلَمْ يُولَدْ ﴿٣﴾ وَلَمْ يَكُن لَّهُۥ كُفُوًا أَحَدٌۢ ﴿٤﴾﴾ [الإخلاص:١-٤].

نجد في أسفار التوراة نفس المعنى:

١-في الخروج ١٥: «من مثلك بين الآلهة يا رب من مثلك معتزًا في القداسة مخوفا بالتسابيح صانعا عجائب...».

٢-وصفات الله تختلف عن صفات الإنسان فالله تعالى ليس إنسانًا يوصف بصفات الإنسان، كما يقول فالنص في سفر العدد ٢٣/ ١٩: «ليس الله انسانا فيكذب ولا ابن انسان فيندم هل يقول ولا يفعل او يتكلم ولا يفي....»

٣-وفي سفر أخبار الأيام الأول: الإصحاح ١٧: «يا رب ليس مثلك ولا إله غيرك حسب كل ما سمعناه بأذاننا»

٤-في سفر صموئيل الثاني: الإصحاح ٧: «لذلك قد عظمت أيها الرب الإله لأنه ليس مثلك وليس إله غيرك حسب كل ما سمعناه بآذننا».

٥-وفي سفر أشعيا «إله الدهر الرب خالق أطراف الأرض لا يكلُّ ولا يعيا» (أش ٤٠ : ٢٨).

وفي سفر أخبار الأيام الأول: الإصحاح ١٧: «يا رب ليس مثلك ولا إله غيرك حسب كل ما سمعناه بأذاننا» وفي الخروج ١٥: «من مثلك بين الآلهة يا رب من مثلك معتزًا في القداسة مخوفا بالتسابيح صانعا عجائب...» وفي سفر صموئيل الثاني: الإصحاح ٧: «لذلك قد عظمت أيها الرب الإله لأنه ليس مثلك وليس إله غيرك حسب كل ما سمعناه بآذننا». وصفات الله تختلف عن صفات الإنسان فالله تعالى ليس إنسانا يوصف بصفات الإنسان، كما يقول فالنص في سفر العدد ٢٣/ ١٩: «ليس الله انسانا فيكذب ولا ابن انسان فيندم هل يقول ولا يفعل او يتكلم ولا يفي....» فليس في التوراة تشبيه الذي يعني أن صفات الرب مثل صفات العباد، فهذا كذب على التوراة، فليس فيها الإخبار بأن صفات كصفات عباده بل فيها نفي ذلك.(١)

أكثر تعبير بوضوح لا لبس فيه عن هذه العقيدة هو «صلاة شيمع» أو «دعاء التوحيد»: ونصها:

«اسمع، يا إسرائيل، الرب، إلهنا، الرب واحد». (تثنية ٦: ٤). (שְׁמַע יִשְׂרָאֵל ה' אֱלֹהֵינוּ ה' אֶחָד) وهي أشهر صلاة عند اليهود، وتعرف بـ

(١) درء التعارض ص ٢/ ٣٥٥.

«شيما» «اسمع يا إسرائيل» (بالعبرية: שְׁמַע יִשְׂרָאֵל) وهي بمثابة محور صلاة الصباح والمساء اليهودية. هذه الآية تصور جوهر التوحيد في العقيدة اليهودية: الرب إلهنا رب واحد».

يعتبر اليهود أن دعاء شيمع هي أهم جزء في الصلاة في اليهودية، وعليهم تلاوتها مرتين يوميًا باعتبارها أعظم وصية من الله تعالى. من التقاليد اليهودية أن تكون «شيما» آخر كلماتهم، وعلى الآباء أن يعلموا أطفالهم أن يقولوها قبل أن يناموا في الليل.

في عصر المسيح؛ بين جميع الأديان في العالم القديم، اليهودية وحدها آمنت بمفهوم وجود إله واحد أحد فقط هو الذي يجب أن يُعبد ويطاع ويعظم، وأن الله هو الخالق وحده، الإله العلي الكبير؛ وهو المعبود وحده. الله الواحد، وليس آلهة الفلاسفة، لا هو زيوس اليونان أو المشتري الروماني. لقد كان إله اليهود، الذي كان منزهًا تمامًا، بعيدًا عن أي شيء يمكن لأي شخص أن يفكر به أو يقوله، حتى إن اسمه لم يكن معروفًا، وبما أن الله عند اليهود كان منزها جدًا، فقد منع شرعًا أي صور تُصنع له. لكنه كان إلهًا محليًا يُعبد في أرض اليهودية (أو يهوذا، كما كان يُطلق عليه سابقًا). آمن بهذا الإله الناس الذين عاشوا هناك، أي اليهود، حيث نجد مصطلح «يهودي».

يعتقد معظم اليهود أن الله اختار إسرائيل من بين جميع شعوب الأرض الأخرى ليكون شعبه المختار. ووعدهم الله، خالق كل شيء والقادر عليه، أنه سيحميهم ويدافع عنهم في كل تاريخهم. وكان لليهود قصص قدمت كنماذج تؤكد كيف أن الله قد أوفى بهذا الوعد. من أهمها قصص خروج بني

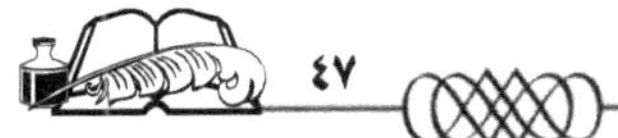

إسرائيل من أرض العبودية في مصر، وهي القصص الموجودة حتى الآن في الكتب المقدسة اليهودية والإسلامية.

وفقًا هذه الروايات، فقد تعرض شعب إسرائيل للاضطهاد والعمل القسري لمدة ٤٠٠ عام في مصر. أخيرًا سمع الله دعاءهم وأرسل لهم منقذًا، موسى، معه عدة معجزات أجبرت ملك مصر على إطلاق سراحهم من العبودية.

وهكذا أنقذ الله شعبه من العبودية، وأغرق جيش فرعون القوي أثناء مطاردته لهم، وأدخل بني اسرائيل بعد معاناة وضيق واضطهاد وتيه إلى أرض الميعاد؛ بعد أن قاتلوا الدولة التي تحكمها، والشعب الذي يسكنها؛ دخلوا وأصبحوا أمة عظيمة.

أعتقد اليهود دائمًا أن الله اختارهم وعقد معهم ميثاقًا ليكون إلههم ويكونوا له شعبًا؛ هذا من جانبه، وفي مقابل ذلك كان على اليهود أن يعبدوه ويطيعوا شريعته المتعلقة بكيفية عبادته ومعاملاتهم مع بعضهم البعض. كان الناموس (التوراة) أعظم هدية من الله لشعبه. إن مجيء هذا القانون المقدّس إلهيًا، والتزام اليهود بمتابعته، هو الأساس الثالث في هذا الدين.

تسجّل «أسفار موسى الخمسة» العقائد اليهودية في الخلق وبدء الخلق، بما في ذلك قصص آدم وحواء، وطوفان نوح، والسبي البابلي، فضلًا عن قصص الآباء اليهود: إبراهيم وسارة وإسحق واسماعيل ويعقوب وليا وراحيل؛ والآباء الاثني عشر من اسباط اسرائيل الاثني عشر أي يهوذا واخوته. بالإضافة إلى ذلك، تروي هذه الكتب تاريخ موسى، بدءًا نت

الخروج من مصر، والتيه في البرية وحتى قبيل الدخول إلى أرض الميعاد. على وجه الخصوص، تحتوي التوراة على القوانين «الشريعة» التي أعطاها الله لموسى على جبل سيناء بعد الخروج من مصر، والقوانين التي كانت تحكم عبادة اليهود وأفعالهم داخل مجتمعهم، بما في ذلك الوصايا العشرة. لكن بقيت السمة المميزة لليهود في جميع أنحاء العالم هي أنهم لم يعبدوا إلا إلهًا واحدا في أي مكان ذهبوا إليه؛ إله إسرائيل وحده، خالق العالم وحده، وليس إلهًا آخر.

اللغة الأصلية للمسيحية

اللغة الأصلية للكتب المقدسة اليهودية مسألة شائكة وغامضة. في الشتات لم تعد العبرية لغة يستخدمها اليهود، لقد توقف معظم اليهود في الشتات عن التحدث بالعبرية، لغة اليهود القديمة. في القرن الثاني قبل المسيح، لم يكن اليهود أو أكثرهم يقرأ كتبهم المقدسة إلا بالترجمة اليونانية، أو ما يسمى بالترجمة السبعينية.(١)

تعلم اليهود السريانية واستعملوها خلال السبي البابلي، بل صارت لغتهم اليومية. وتكلم السيد المسيح ورسله السريانية قبل أكثر من ألفي عام في بيت لحم والناصرة والقدس وقانا وصور وغور الأردن، واستمرت سائدة بين معظم شعوب الشرق حتى أواخر القرن السابع للميلاد.

تعرف اللغة السريانية بالآرامية أيضا، فهي تنتمي إلى اللغات السامية، فقد كانت قديمًا لغة الآراميين الذين استوطنوا منذ القرن الخامس عشر قبل الميلاد بلاد آرام الشام وأرام النهرين.

انتشرت اللغة السريانية في العالم القديم انتشارًا واسعًا، وصارت أبجديتها (التي اقتبسها الآراميون من الأبجدية الفينيقية، التي تتألف من ٢٢

---

(١) للتفاصيل: انظر: فؤاد حسنين علي (٢٠٠٥) «التوراة... هيروغليفية الأصل»، القاهرة، شركة ومكتبة ببليون.

حرفًا ولم يزيدوا عليها شيئًا) حروف هجاء للغات شرقية عديدة حتى أنها كانت مستخدمة ومتداولة في البلاط البابلي، وجعلت في عهد داريوس الكبير «٥٢ ـ ٤٨٦ ق.م» اللغة الرسمية في مقاطعات الإمبراطورية الفارسية، بل أمست لغة دولية في الشرق كله زمنًا طويلًا.

وفي فجر المسيحية كانت اللغة السريانية لغة أهل أنطاكية الأصليين، لاسيما القاطنين في ضواحيها، كما كانت لغة سائر بلاد سوريا الداخلية، أما اللغة اليونانية التي استقدمها السلوقيون فكانت مجرد لغة رسمية للبلاد لا يتحدث بها سوى أبناء الجالية اليونانية والأوساط الأرستقراطية والمضطرون للمعاملات الرسمية.

لكن لو بعث المسيح أو نزل اليوم فإنه لن يستطيع قراءة الكتب المقدسة المسيحية اليونانية. لقد كانت السريانية هي لغة المسيح؛ اللغة السائدة في فلسطين. والأدلة على ذلك الكتب المسيحية نفسها. قبل ألفين واحدي عشرة سنة خلت، في المكان الذي ولد فيه المسيح-عليه الصلاة والسلام- كانَ هناك رُعاةٌ يَبيتونَ في البرِّيَّةِ، يتناوَبونَ السَّهَرَ في اللَّيلِ على رعِيَّتِهِم. فظَهَرَ لهم مَلاكُ الرَّبِّ فَخافوا خَوفًا شَديدًا. فقالَ لهُمُ المَلاكُ: «لا تَخافوا!» وبشرهم بميلاد المسيح. وظَهَرَ معَ المَلاكِ عدد مِنْ ملائكة السَّماءِ، يُسبِّحونَ اللهَ وينشدون للتعبير عن فرحتهم بميلاد المسيح، «المجد لله في الأعالي، وعلى الأرض السلام وللناس المسرة (لوقا ٢:١٤). ومن البديهي إن هؤلاء الملائكة لم ينشدوا باللغة اليونانية، وإلا كانوا كمن يكلم الفلاحين المصريين باللغة اليابانية. وإن هؤلاء الرعاة السوريين الذين ذُكروا في

الإنجيل لم يكونوا من خريجي جامعة السوربون؛ ولا بد أنهم سمعوا الملائكة يترنمون بتلك الأنشودة العجيبة بلغتهم هم، فلا يمكن إذن أن تكون الأنشودة باليونانية، ومن البديهي أنهم كانوا يرتلون التسابيح باللغة السريانية. ومما لا شك فيه أن المسيح عَلَيْهِ ٱلسَّلَامُ نفسه كان يتحدث اللغة السريانية لغة قومه السريان، والنصوص المقدسة نفسها تشهد لذلك:

[١] في العدد السابع عشر من الإصحاح الثالث من إنجيل مرقس: (لقبهما ببوانرجس أي ابني الرعد). Boanerges (Βοανηργες =בנירגיש) وهي اسم أرامي معناه «أبناء الرعد».

[٢] في العدد الحادي والأربعين من الإصحاح الخامس من إنجيل مرقس: (وقال لها طليثا قومي الذي تفسيره يا صبية لك أقول قومي). فطليثا باللغة الأرامية معناها «صبية».

[٣] في العدد الرابع والثلاثين من الإصحاح السابع من إنجيل مرقس في الترجمة المطبوعة سنة ١٨١٦: «ونظر إلى السماء وتأوه وقال افثا يعني انفتح»، وهي كلمة أراميه (مر ٧: ٣٤) هي صيغة الأمر من الكلمة الآرامية «فثا» يعني «فتح» وهي «فتح» في العبرية פתח والعربية لفظا ومعنى.(١)

فهذه الشواهد تدل على أن المسيح عَلَيْهِ ٱلسَّلَامُ كان يتكلم اللغة الآرامية التي كانت لغة قومه، لأنه كان سريانيا ابن سريانية نشأ في قوم سريان.

---

(١) انظر المادة ومشتقاتها قاموس ديفيد سجيف (عبري – عربي) פתח ص ١٤٨٢-٨٣.

لاحقًا عندما انتقلت الدعوة المسيحية على يد بولس إلى اليونان، أصبحت المسيحية ديانة يونانية وأخذت كل ما عند اليونان من عقائد وشعائر؛ من لغة اليونان أصبحت هي اللغة الجديدة للدين الجديد، إلى عقائدهم وشعائرهم وطقوسهم. لغة المسيحية الجديدة أصبحت اليونانية. أقدم مخطوطات هذه الديانة باللغة اليونانية. جميع كتب هذه الديانة كتبت باليونانية وفي اليونان، وتخاطب قوما يونانيين. جميع الأسماء المقدسة وآباء الكنيسة هم يونان!

إن الكتبة الذين نسخوا ما عُرف لاحقًا بالأسفار المقدسة المسيحية استخدموا عموما اللغة اليونانية، بما فيها من تعابير وصور. على الرغم من ذلك، لا يسوع ولا رسله ولا أحد من كتبة الاسفار اليونانية المسيحية كان يونانيًا، بل كانوا جميعا من اليهود...! لماذا كتب العهد الجديد باليونانية؟

المسيح اليهودي

وفقًا للكتب المقدسة المسيحية؛ قانونية أو غيرها، كان المسيح نفسه يهوديًا، بمعني أنه ولد في أسرة يهودية ونشأ في عالم اليهودية، واختتن مثل اليهود، وفقًا لإنجيل لوقا، وذلك بعد ثمانية أيام من ميلاده وفقًا للشرائع اليهودية (حسب وصية الله التي جاءت في سفر (التكوين: ١٧: ٩ – ١٤)، إذ يلزم وفقًا للشريعة ختان الأطفال من الذكور بعد ثمانية أيام من ولادتهم؛ وعقب الختان يُسمى الطفل.[١] وبالتالي سمي المسيح باسمه (عيسى-يسوع) في يوم ختانه.[٢]

عبد المسيح الله الواحد؛ إله اليهود، في الكنيس اليهودي، (مرقص ١٣: ١ – ٢) و(١١: ١٨) و(١١: ٢٧ – ٢٨)، وعظم السبت «لوقا ٤: ١٦) و(مرقص ١: ٢١) و(مرقص ١٥: ٤٢) (يوحنا ٥: ١٩-٢٠) ويوحنا (٧: ٢٢-٢٣) و(يوحنا ٩: ١٦). واحتج بالكتاب المقدس اليهودي، (متى ٢: ٢٣) و(متى ٢:١٨)، (متى ٤:٦) و(يوحنا ١:٤٥-٤٦) وحافظ على العادات

---

(١) من هذه الوصية التي أعطاها الله إبراهيم يتضح أهمية الختان كطقس يميز أبناء الله عن بقية الناس الذين في العالم.. ويتضح أيضًا خطورة عدم الختان لأن الاغلف الذي لا يختن يقطع من الشعب أي يحرم من حق البنوة لله التي ينالها المختون لأنه نكث عهد الرب.

(٢) تحتفل الكنائس المسيحية بـ(عيد الختان) لكن تختلف في يوم العيد.

والأعراف اليهودية، وأصبح معلما يهوديا، وعظ الشعب اليهودي، (لوقا ٣: ٤٣- ٥١) و(متى ١٣: ٥٣-٦٥). واتهم بأنه ادعى أنه ملك اليهود (يوحنا ١٩: ١٩). وكان يخاطب اليهود ويحتج بالتوراة ويؤمن بصلاحيتها الدائمة ويقيم شريعتها. وفقًا لاعتراف المسيح أنه لم يأت؛ ولا يمكن نسخ اليهودية، قائلًا بوضوح: «ما جئت لأنقض جئت لأكمل»(متى ٥: ١٩). ويؤكد على وجوب اتباعها» (على كرسي موسى جلس الكتبة والفريسيون ٣ فكل ما قالوا لكم ان تحفظوه فحفظوه وافعلوه). (متى ٢٣: ٢-٣) وقد ردد نفس وصايا موسى (إن اول كل الوصايا هي اسمع يا اسرائيل الرب الهنا رب واحد) (مرقص ١٢: ٣٠). وكان يأمر مريديه باتباع شريعة موسى في عبادتهم (انظر: لوقا ٥: ١٥ متى ٨: ٥ مرقص ١: ٤٥ و١٢: ٢٧ و٧: ١١). هكذا دائما لا نجد المسيح لا يتنصل أبدًا من شريعة التوراة في إنجيل متى أو يأمر أتباعه بعدم الاحتفاظ بها. أكثر من ذلك، في عدد من الفقرات في متى -غير موجودة في مرقص-، يبدو أن المسيح يؤكد جوانب التقوى اليهودية التقليدية. على سبيل المثال، ينتقد الطريقة التي يؤدي بها الفريسيون الصدقات، والصلاة، والصوم، لكنه مع ذلك يعيد تأكيد أهمية القيام بهذه العبادات (متى ٦: ١- ١٨؛ وانظر أيضًا ٢٣:٢٣).

المسيح والشريعة

على عكس ما قررته المسيحية الجديدة؛ لا يعني اتباع المسيح التخلي عن الشريعة اليهودية وتأسيس دين جديد يناقضها. حتى في زمن المسيح يبدو أن بعض المسيحيين في زمن المسيح، كانوا يظنون أن هذا هو ما كان عليهم فعله؛ أي أن المسيح كان يسعى إلى نقض شريعة موسى؛ وهو ما نفاه المسيح تمامًا، وأعلن المسيح لهم الحقيقة. لقد وضع الخطبة الرئيسة (موعظة الجبل) في إنجيل متى لهذا البيان:

«لَا تظُنُّوا أَنِّي جِئْتُ لأُلْغِيَ الشَّرِيعَةَ أَوِ الأَنْبِيَاءَ. مَا جِئْتُ لأُلْغِيَ، بَلْ لأُكَمِّلَ. فَالْحَقَّ أَقُولُ لَكُمْ: إِلَى أَنْ تَزُولَ الأَرْضُ وَالسَّمَاءُ، لَنْ يَزُولَ حَرْفٌ وَاحِدٌ أَوْ نُقْطَةٌ وَاحِدَةٌ مِنَ الشَّرِيعَةِ، حَتَّى يَتِمَّ كُلُّ شَيْءٍ. فَأَيُّ مَنْ خَالَفَ وَاحِدَةً مِنْ هَذِهِ الْوَصَايَا الصُّغْرَى، وَعَلَّمَ النَّاسَ أَنْ يَفعَلُوا فِعْلَهُ، يُدْعَى الأَصْغَرَ فِي مَلَكُوتِ السَّمَاوَاتِ. وَأَمَّا مَنْ عَمِلَ بِهَا وَعَلَّمَهَا، فَيُدْعَى عَظِيمًا فِي مَلَكُوتِ السَّمَاوَاتِ. فَإِنِّي أَقُولُ لَكُمْ: إِنْ لَمْ يَزِدْ بِرُّكُمْ عَلَى بِرِّ الْكَتَبَةِ والْفَرِّيسِيِّينَ، لَنْ تَدْخُلُوا مَلَكُوتَ السَّمَاوَاتِ أَبَدًا..» (٥: ١٧-٢٠).

وفي الواقع المسيح لم يخالف شريعة موسى؛ بل كان ملتزمًا بها؛ وبكل تفاصيلها، وفي كل مراحله؛ من ولادته، حياته، وحتى رفعه. علاوة على ذلك، يطلب المسيح أيضا من أتباعه أن يمتثلوا الشريعة، حتى إنهم لن يكونوا أفضل من اليهود، الكتبة والفريسيين، إلا بذلك.

نقض الشريعة يعني؛ على سبيل المثال، أنه عندما تقول الشريعة «لا تقتل»، فيقول المسيح «أنا أقول لك يجب أن تقتل»! هذا هو النقض للشريعة. لكن المسيح لا يفعل ذلك أبدًا، بدلًا من ذلك، يحث المسيح أتباعه على التمسك بالشريعة، بل إنه يبدو أشد صرامة، بل على المسيحين أن يتمسكوا بها حتى أكثر من الكتبة والفريسيين، رؤساء الدين في بني إسرائيل.

هكذا؛ على سبيل المثال، عندما تقول الشريعة: «لا تقتل» (٥:٢١). فالحكمة هنا في الشريعة هي الحفاظ على أرواح الناس. لكن أصل الفتنة هو الغضب، الذي يؤدي للقتل. لذلك، إذا أراد المرء ألا يخرق الشريعة بالقتل فليتق أصل البلاء وسبب الشقاء، فلا يغضب أبدًا.

وعندما تنص الشريعة على حرمة الزنا (٥:٢٧)، أي عدم معاشرة زوجة شخص آخر؛ فهدف الشريعة هو المحافظة على أعراض الناس وحقوق أخرى كثيرة، منها الأنساب وطهارة المجتمع! لكن ما هي ذريعة الزنا؟ الزنا هو رغبة رجل في امرأة بسبب النظر إليها بشهوة، لأن النظر هو الذريعة للزنا، وهو المقدمة لها، إذن يجب على أولئك الذين يرغبون في الحفاظ على الشريعة، ألا ينظروا بشهوة إلى امرأة أجنبية.

وهكذا عندما تنص الشريعة على وجوب القصاص؛ أي أن العين بالعين، والسنّ بالسن؛ (متى ٥:٣٨)؛ هذه النصوص التي عادة ما تفهم بشكل خاطئ، حكمة الشريعة هنا هي ضمان العدالة في المجتمع، بحيث إذا قام أحدهم بكسر سنك، لا يمكنك أن تطالب بقطع رأسه كعقاب قصاصًا.

وعلى عكس الطريقة التي يُفهم بها هذا الحكم في الشريعة اليوم، يشير هذا النص إلى تغليب الرحمة والعفو والعدل بدلًا من الانتقام؛ ولا يعني أبدًا إلغاء القصاص؛ بل يجب أن تتناسب العقوبة ولا تتعدى الجريمة. إن حكمة وأصل هذه الشريعة هي مبدأ الرحمة، هكذا فإن المسيح يعني: بدلًا من إلحاق عقوبة أكبر أو أن يعاقب شخص بريء، ينبغي أن يكون العقوبة على قدر الخطأ وعلى المجرم فقط. والأفضل من ذلك العفو، لذلك؛ على الشخص الذي يضرب على أحد خديه أن يحول له الآخر أيضا لإشاعة العفو والرحمة والعدل حتى مع القصاص.

إذن الاختلاف كان في الطريقة التي تفسر بها الشريعة عموما والطريقة التي يفسرها بها المسيح. في كل النقائض ينظر المسيح إلى لب معنى الشريعة، إلى الذريعة التي يجب سدها، ويصر على أن أتباعه يجب أن يلتزموا بذلك، بدلًا من أن يفسروا الشريعة على أهوائهم.

كما يتبين من هذه الأمثلة، لا يعفي المسيح أتباعه من مسؤولية الحفاظ على الشريعة، بل إن المسيح يزيد من شدة الشريعة، مما يتطلب من أتباعه ألا يحافظوا على نصه فحسب، بل على روحه ذاتها.

على نحو ما مر كان المسيح متمسكًا بالشريعة أو الناموس اليهودي، وبكل كلمة وحرف فيها، ولا يستطيع أن يبدل حرفًا واحدًا أو حتى نقطة فوق أو تحت حرف؛ من الشريعة. يستوي في ذلك التوحيد، أعظم وأهم وأول الوصايا في نظر المسيح، وبين سائر فروع الشريعة؛ بل بدا المسيح أنه أكثر تشددًا في ذلك من موسى نفسه.

تلاميذ المسيح اليهود

خلف المسيح رئيس الحواريين بطرس الذي كان ينشر الدعوة وفقًا لما تعلمه من معلمه؛ أي وفقًا لنسخة مسيحية المسيح، باعتباره صاحب إنجيل الختان، أي وريث المسيح في الدعوة وفقًا لنسخة المسيحية الأصلية. كان بطرس أحد تلاميذ المسيح الأولين، ورئيس التلاميذ، الذي عينه المسيح نفسه في هذا المنصب (يوحنا ١: ٣٥-٤٢)، وفي تلك المناسبة، أطلق عليه يسوع الاسم صفا (بطرس) (يوحنا ١:٤٢؛ مرقص ٣:١٦)، وعينه رئيسًا للكنيسة، وبعد رفعه ظهر لبطرس، وأوصاه بأن يرعى خرافه. استمر بطرس، مثل بقية زملائه، متمسكًا بالمسيحية الأصلية التي ورثها عن أستاذه المسيح، متقيدًا بشريعة موسى ومبشرًا بإنجيل الختان، (كما يصفه الإنجيل نفسه بأنه: بطرس رسول الختان) أي يدعو وفقًا للمسيحية اليهودية وتقاليدها، وكذلك سائر التلاميذ بقوا محافظين على الشريعة حتى بعد رفع المسيح؛ فلم ينقضوا السبت، بل حافظوا على هذه الشريعة: (لوقا ٢٣: ٥٤- ٥٦) و(متى ٢٨: ١) و(مرقص ١٦: ١).

المسيحيين اليهود بقيادة بطرس رئيس الحواريين بقوا متمسكين بأصلهم وهويتهم ووصية المسيح وكان يرون ضرورة أن يتمسك كل المؤمنين الجدد بالمسيح بالناموس أي شريعة موسى، كضرورة ختان من يدخل للإيمان كما كانوا يفعل اليهود مع من يدخل للإيمان اليهودي (خروج

٤٨:١٢.) وعلى أن يحفظوا الناموس. ومنعوا الدعوة والأكل مع الأمم (الوثنيين)، كما هي الشريعة اليهودية ووصية المسيح (متى ١٠: ٢-٨) وكان هذا معناه عدم التعامل بين الفريقين، المسيحيين اليهود والوثنيين.

وكانت جماعة بطرس وأصحابه من أهل الختان؛ مثل اليهود؛ وكان واضحًا تمسكهم الشديد بخلفيتهم اليهودية؛ حتى إنهم اختلفوا وخاصموا رئيسهم بطرس لأنه تعامل مع الأمميين (سفر اعمال الرسل ١١: ١) وهذا أمر يخالف تقاليد المسيح الذي لم يرسل إلا إلى خراف اسرائيل الضالة كما في (متى ١٠: ٧و١٥: ٢٥).

فرق المسيحيون اليهود

تعبير «المسيحيون اليهود» يشير إلى تلك الجماعات المسيحية التي كانت تَلتزمُ باليهوديةِ؛ عقيدة وشريعة. لقد كانت المسيحية اليهودية في القرون الأولى ظاهرة منتشرة على نحو واسع، بل كانت هي النسخة الوحيدة والأصلية. ويمكن رؤية هذا بوضوح في المصادر المسيحية، منها على سبيل المثال؛ إنجيل متى في الكتب القانونية، والرسالة للعبريين، ورسالة يعقوب، ويهودا؛ هذه كلها المصادر تمثل المسيحية الأصلية. كذلك نرى وجودها بوضوح في مناقشات بولس مع مخالفيه؛ فالعديد مِنْ مخالفي بولس كَانوا مسيحيين يهود كما يظهر من تعليقاته وردوده عليهم، وكذلك الجماعات التي كان يناقشها ويرد عليها يوحنا في كتبه. لكن مع هذا الوجود القوي والانتشار الواسع، نجد مساحة كبيرة من الصمت تجاه هذه النسخة المسيحية. فالعلماء المتقدمين لم يعطوا المسيحية الأصلية ما تستحقه من الاهتمام الواجب، متأثرين، لا شَكَّ، بالأرثوذوكس الذين نجحوا تمامًا في تصنيف وتوصيف وإقصاء الفرق الدينية المنافسة طبقًا لميولهم المذهبية. لكن في العصر الحديث أثمرت دراسةَ المسيحية الأصلية المبكّرةِ والعلاقة بينها وبين النسخة الحالية؛ أو المسيحية المعادية لليهوديةِ، كثيرا من البحوثِ خلال السَنَوات الستين الماضية، وسيلا ضخما مِن المؤلفات التي تُناقش

علاقةَ المسيحيةِ بأصلها؛ «اليهوديةِ».(١)

طبقًا للمصادرِ الأرثوذكسية، والتي لا نملك اليوم غيرها، هؤلاء المسيحيون اليهود ادعوا وأسندوا أقوالهم وعقائدهم إلى السلف؛ أي تلاميذ المسيح أو العصور الرسوليةِ، وتمسكوا بهويتِهم وعاداتِهم اليهوديةِ، من ذلك انهم حافظوا على السبت والختانِ.(٢) والطعام الحلال כַּשְׁרוּת kashrut أي الطعام المذبوح وفقًا للشريعة.(٣) رَفضَ المسيحيون اليهود عقيدتي أزلية وجود المسيح وإلاهيته، زاْعمين بدلًا مِن ذلك بأنّ المسيح كَانَ مجرد إنسانًا حادثًا، وبعضهم؛ وفقًا لمصادر أرثوذكسية، أنكر حتى ولادته العذرية «مَعتبرينَ [المسيح] ليس إلهًا وليس ابنا لله ولا هو مساويًا لله، ولا ليس له علاقة قرابة على الاطلاق مع الله بحسب الجوهر.(٤)

---

(١) انظر: شارل جي ني بيير، المسيحية نشأتها وتطورها، ترجمة د. عبد الحليم محمود، ط دار المعارف، مصر، ص ١٥.

(٢) يوسابيوس تاريخ الكنيسة الفصل ٢٧ ص ١٢٨

(٣) See: Jean Danielou, The Theology of Jewish Christianity: A History of Early Christian Doctrine Before the Council of Nicaea. See Also: The development of early Christian doctrine before the Council of Nicaea, volume one: the theology of Jewish Christianity. And: Richard N. Longenecker The Christology of Early Jewish Christianity.

(٤) أثناسيوس ١: ٥٧، هنا أثناسيوس يوبخ («الذين يتسمون بنفس الاسمِ») بينما يُنكرُون «سبق وجوده كإله»)، انظر: أثناسيوس الرسولي؛ ضد الأريوسيين (الرد على آريوس)؛ مؤسسة القديس أنطونيوس، مركز دراسات الآباء، مصر، ص ١: ١٠ – ١٢، وقارن مع (يوسابيوس Eusebius تاريخ الكنيسة. الجزء الثّالث، ٢٧).

في الواقع كانت هناك عدة فرق مسيحية تعتبر نفسها امتدادًا للمسيحية الأصلية (اليهودية) جميعهم يشتركون في اعتقاد أنّ المسيح كَانَ «مجرد إنسان»، ذا طبيعة بشرية، وبناءً عليه ليس إلهًا قديمًا، بل هو إنسان حادث مثل جميع المخلوقات التي لم تكن ثم كانت، والدليل أنه ولدَ ونما وعِاشَ ككُلّ البشر الآخرين. لكن عندما بلغ أشده؛ وبعد معموديته، اختار الله المسيح ليكون نبيًا؛ مثل أنبياء بني إسرائيل، كما كان آدم واسرائيل وغيرهم، وأصبح ذا مكانة خاصة عند الله تعالى، ليبلغ رسالته وإرادتهِ تعالى إلى الناس. فقط بهذا المعنى كَانَ هو «ابن الربَ». وفقًا لهم لم يكَنَ إلهًا، لكن كَانَ إنسانًا بالطبيعة وبكل ما يعنيه التعبيرِ. هذه العقيدة تمثل امتدادًا لفهم النبوة التي تتحدث عنها الكتب المقدسة.

في المبحث التالي أعرض بعض هذه الفرق، مستنتجًا عقائدهم، معتمدًا في الغالب على ما كتبه الأرثوذوكس؛ لأنه لم يبق إلا ما كتبوه، سواء كانوا قد فهموا هذه العقائد فهمًا صحيحًا، أو حتى إذا فهموه، كانوا قد نقلوه بأمانة، وهو ما لم يقم عليه أي دليل.

١-الأبونيون

الأبونيون هم مجموعة من اليهود المسيحيين كانوا موزعين في مناطق مختلفة من البحر الأبيض المتوسط على الأقل من القرن الثاني إلى القرن الرابع. ويحكي عن الأبونيين أنهم يقولون إن جميع المعلمين المتقدمين والرسل تقبلوا ما يعلنونه هم الآن وكانوا ينادون به، وأن الإنجيل الحق كان موجودًا وحفظ حتى أيام فيكتور الأسقف الثالث عشر لروما بعد بطرس،

ولكن الحق فسد منذ أيام خلفه زفيرينوس!! ما يميز هذه المجموعة من المسيحيين من غيرها هي محاولتهم الجمع بين وجهات النظر اليهودية وأنماط الحياة مع الاعتقاد بأن عيسى هو المسيح. على وجه الخصوص، قيل إن لديها اعتقاد مؤكد في إله واحد فقط وبناءً عليه أنكروا، نتيجة لذلك، ألوهية يسوع.(١)

طبقًا للمصادرِ الأرثوذوكسيةِ، الأبونيون أسندوا عقيدتهم إلى العصور الرسوليةِ، ومثل حواريي المسيح المتقدمين عَملوا للحفاظ على هويتِهم وعاداتِهم اليهوديةِ، من ذلك ممارساتِ الختانِ والطعام الحلال وكانوا يعظمون مدينة القدس.(٢)

يَقرُّ يوسابيوس بوجودِ أبونيين Ebionites آخرين (يتسمون بنفس الاسمِ) يَعترفُون «بأنّ الرب ولدَ من العذراء وروح القدس، «بينما يُنكرُون» قدمه مع الله».

هناك فرقة أخرى من المسيحين اليهود كانوا يرفضون العقائد الأرثوذكسية؛ مثل عقيدة أزلية وجود المسيح وولادته العذرية، زاْعمُين بدلًا مِن ذلك بأنّ المسيح كَانَ إنسانا «طبيعيا»، ولد مِنْ أب طبيعيِ: «مَعتبرِينَ [المسيح] إنسانًا بسيطًا وعاديًا متفوق أخلاقيا ولا شيءِ أكثرِ، مثل كل طفل كان ثمرة جماع طبيعي بين رجل ومريم» كان المسيح مُتميّزًا فقط بسبب

(١) انظر: يوسابيوس Eusebius: تاريخ الكنيسة: الثّالث، الفصل: ٢٧.

(٢) يوسابيوس Eusebius تاريخ الكنيسة؛ نفسه.

أخلاقه النموذجيةِ، ولأن الله اختاره لِكي يَكُونَ ابنه في معموديتِه وأعطَاه مهمة بلاغ رسالته المسيحيةَ؛ وهو ما تحقق بالمَوت على الصليبِ، بعد ذلك أقامه الله من الموت ورَفعَه إلى السماءِ. مِنْ حيث تنتظر عودته إلى القدس، مدينة الله، التي تحتفظ بمنزلتَها المقدّسةَ عندهم.

تتفق المصادرُ على أنّ الأبونيين قَبلَوا حجية العهد القديمِ وبناءً على ذلك صلاحية الشريعة التوراتية لكل زمان ومكان، لكن رَفضوا سلطةَ الحواري المُرتدِ بولس.(١)

هل فهم الأرثوذوكس عقيدة هؤلاء بصورة صحيحة؟ وحتى إذا كانوا قد فهموها، هل صوروها بأمانة؟ في الحقيقة؛ ومن خلال الروايات الأرثوذكسية الكثيرة عن خصومهم؛ يمكننا أن نصفهم بكل شيء ما عدا الأمانة.

٢- مدرسة أنطاكيا

تعتبر مدرسة أنطاكيا هي معقل المسيحيين الذين تمسكوا بأصول المسيحية الأصلية. ففي الفصل الثامن والعشرين من الكتاب الخامس من تاريخ الكنيسة ليوسابيوس القيصري يتحدث عن بعض أهل البدع الذين ينكرون ألوهية المسيح ويقولون بأن المسيح مجرد إنسان. من هؤلاء أرتيون وثيودوتس الاسكافي المتوفى (١٨٠ م). وبولس السمساطي (أسقف أنطاكية من ٢٦٠ إلى ٢٦٥).

---

(١) See: Ehrman, Bart D.; (2003), Lost scripture, Oxford University Press, First published, p. 66.

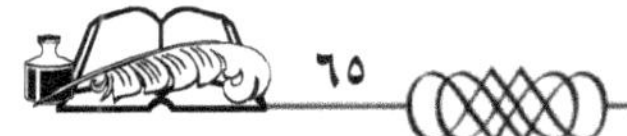

❐ بولس من سيمسطا :

شيخ مدرسة أنطاكيا بولس السيموسطي،[١] هذا الرجل «الضال» خلع في مجمع أنطاكيا Antioch في سنة ٢٦٨ م وأدين بسبب عقائده في المسيح، وأزاحه المجمع بناءً على ذلك مِنْ وظيفته كأسقف. وقف يوسابيوس Eusebius على روايات المحاكمةِ، وحفظ الرسالة الكنسية التي صدرت عنْها. هذه الرسالةِ مهمة وأصيلة، وتَعطي بَعْض المعلومات عن أراء بولس السيموسطي في طبيعة المسيح. التهم العقائدية المتعلقة بالمسيحيات الموجّهة إلى بولس كانت كما يلي: لقد أدين بولس بسبب عقائده حول المسيح، أي «أن المسيح كَانَ «فقط إنسانًا عاديا»»؛ ولأنه رَفْض أداء التراتيلِ للمسيح؛ ولرَفْضه الاعتراف بأن المسيح ابن الرب نَزلَ مِن السماءِ، «مَصرًّا على أنّ المسيح مخلوق»مِن الأرض»[٢] وإلى هنا تنتهي قصة بولس السيموسطي.

ويشير يوسابيوس القيصري الى ان السميساطي كان يُحيي هرطقة سابقة عليه هي بدعة أرتيمون التي حاول بولس السُّميساطي أن يبعثها من قبرها ثانية. وكان السُميساطي يذهب الى ان المسيح مجرد إنسان.

---

(١) هو(أسقف أنطاكية من ٢٦٠ إلى ٢٦٥) انظر: يوسابيوس، تاريخ الكنيسة، الكتاب الخامس الفصل الثامن والعشرين.

(٢) انظر: يوسابيوس، (تاريخ الكنيسة، الكتاب السابع: الفصل ٢٧ ص ٣٣٢-٣٣٩) ترجمة القمص مرقص داود، ط مكتبة المحبة.

ثم(لوقيانوس) الأنطاكي الشهيد[١] أحد تلامذة وبولس؛ الذي تتلمذ على يديه كل من آريوس ويوسابيوس النيقوميدي.

وأمّا لوقيانوس فهو قسيس انطاكي استشهد في زمن الاضطهاد سنة ٣١٢م وكان يقول ان الله واحد لا مساوي له وأن كل ما هو خارج عنه فهو مخلوق ومن ثم فإن الكلمة (اللوجوس) مخلوق والحكمة مخلوقة.

وقد عُدَّ لوقيانوس مصدرًا مباشرًا لهرطقة تلميذه آريوس صاحب الهرطقة (المفزعة) تالية الذكر، حتى شاعت مسؤولية لوقيانوس عن العقيدة الأريوسية. لذلك قيل ان مدرسة أنطاكية لتفسير الكتاب المقدس هي المصدر الأصلي للعقيدة الأريوسية. وقيل ان لوقيانوس هو رأس هذه المدرسة، بل هو الأريوسي الأول قبل آريوس نفسه!

وقد أوضح بطريرك (بابا) الاسكندرية إسكندر الجالس على كرسي القديس مرقص بين عامي ٢٩٦ و٣٢٨ ميلادية (وسوف نشير إليه لاحقًا عند الكلام عن آريوس) أن لوقيانوس كان يبعث من جديد آراء بولس السُميساطي. ومن هنا ادان إسكندر بابا الاقباط أفكار القسيس لوقيانوس وحمل عليها بشدة في رسالة كتبها ضده، بعد مرور عشر سنوات على

---

(١) لوقيانوس (يعرف أبضا بـ لوسيان الشهيد) ولد ونشأ في مدينة انطاكية، ويرجح البعض انه من مدينة سميصاط السورية. تلقى في شبابه العلوم الدنيوية. ولما مات والده وهو في سن الثانية عشرة وزع ما لديه على الفقراء وارتحل الى مدينة الرها حيث تتلمذ لمعلم كبير هو مكاريوس. وقد قال عنه القديس أثناسيوس الإسكندري أنه كان «ناسكًا كبيرًا».

استشهاده[١].

لقد عُرفت مدرسة أنطاكية التي أسّسها لوقيانوس الأنطاكي بميولها النّقدية التي نظرت إلى المسيح لا باعتباره إلهًا، بل مخلوقًا أُنعم عليه بقوى إلهية. وكانت هذه المدرسة هي الأساس الفكري والعقائدي الذي استمدّ منه آريوس أفكاره. تعهد لوقيانوس (لوسيان) بمراجعة الكتاب المقدس بعهديه حتى تتطابق ترجماته المختلفة. قام بمراجعة التوراة إما بمقارنتها بالطبعات القديمة أو عن طريق النسخة العبرية كونها اللغة التي كتب بها الكتاب المقدس، ومن المؤكد أن نسخة القديس لوسيان نالت تقديرًا عظيمًا، وكانت ذات فائدة عظيمة للقديس جيروم.[٢] ويقول القديس جيروم: «ان ترجمة الكتاب المقدس من العبرية إلى اليونانية بيد لوقيانوس كانت عظيمة القيمة، دقيقة، سلسة وأنها انتشرت بين القسطنطينية وانطاكية».[٣]

---

(١) انظر: زيدان، يوسف، اللاهوت العربي وأصول العنف الديني، دار الشروق، ٢٠٠٩، ص ١٠٨-١١٤.

(٢) اسمه: يوسابيوس هيرونيموس (٣٤٧-٤١٩) واحد من أهم علماء الكنيسة المسيحية الأولى، جهوده في ترجمة الكتاب المقدس إلى اللغة اللاتينية تعد أعظم إنجاز خلال العصور الوسطى كان الإنجاز الأكبر جيروم النسخة اللاتينية للإنجيل.

(٣) انظر: يعقوب، تادرس، قاموس آباء الكنيسة وقديسيها، الناشر: كنيسة الشهيد مار جرجس سبورتنج. إسكندرية، تاريخ النشر: ١٩٨٦.

نهاية المسيحية اليهودية

كانت آخر نبوءة ألقاها المسيح إلى التلاميذ هي: «سَيُسَلِّمُونكُمْ إِلَى الْمَحَاكِمِ، وَيَجْلِدُونكُمْ فِي المَجَامِعِ؛ وَتُسَاقُونَ لِلْمُثُولِ أَمَامَ الْمُلُوكِ مِنْ أَجْلِي: فَيَكُونُ ذَلِكَ شَهَادَةً لِي لَدَى الْيَهُودِ وَالأُمَمِ.... وَتكُونُونَ مَكْرُوهِينَ لَدَى الْجَمِيعِ مِنْ أَجْلِ اسْمِي. وَلَكِنَّ مَنْ يَثْبُتُ إِلَى النِّهَايَةِ، هُوَ الَّذِي يَخْلُصُ...» (متى ١٠: ١٦-٢٣) «سَتُطْرَدُونَ خَارِجَ الْمَجَامِعِ، بَلْ سَيَأْتِي وَقْتٌ يَظُنُّ فِيهِ مَنْ يَقْتُلُكُمْ أَنَّهُ يُؤَدِّي خِدْمَةً لِلهِ. وَهُمْ يَفْعَلُونَ هَذَا بِكُمْ لأَنَّهُمْ لَا عْرِفُوا أَبِي، وَلا عَرَفُونِي». (يوحنا ١٦: ١)

لا ريب تحققت النبوءة التي أدلى بها المسيح في آخر لحظات له على الأرض لتلاميذه وقد تنبأ لهم بالحق بأنهم سيكونون «مِثْلَ الْخِرَافِ بَيْنَ الذِّئَابِ، وتنبأ لهم بِأَنَّهُمْ سَيُسَلِّمُونَ إِلَى الْمَحَاكِمِ، وَيَجْلِدُونَ فِي المَجَامِعِ؛ وَتُسَاقُونَ لِلْمُثُولِ أَمَامَ الْحُكَّامِ وَالْمُلُوكِ بسببهُ، وأن ذَلِكَ سيكون شَهَادَةً لِه لَدَى الْيَهُودِ وَالأُمَمِ عَلَى السَّوَاءِ. وأنهم سيكونون منبوذين ومَكْرُوهِينَ لَدَى الْجَمِيعِ مِنْ أَجْلِ اسْمِه، وطالبهم بالثبات حتى النهاية، فمَنْ يَثْبُتُ إِلَى النِّهَايَةِ، هُوَ الَّذِي يَخْلُصُ...» (متى ١٠: ١٦-٢٣)

وقد تنبأ لهم بهذا حتى إذا حدث لَا يَتَزَعْزَعُوا، لأنهم سَيُطْرَدُونَ خَارِجَ الْمَجَامِعِ، وسَيَأْتِي وَقْتٌ يَظُنُّ فِيهِ مَنْ يَقْتُلُكُمْ أَنَّهُ يُؤَدِّي خِدْمَةً لِلهِ. وَهُمْ يَفْعَلُونَ هَذَا بِكُمْ لأَنَّهُمْ لَمْ يَعْرِفُوا الله، وَلا عَرَفُونِي». (يوحنا ١٦: ١)

وهذا ما حدث بالضبط: لقد عقدت محاكم محلية لمحاكمة أنصار مسيحية المسيح وسيقوا إليها زمرًا ووحدانًا، مجامع محلية ومجامع عالمية (مسكونية) ليس آخرها مجمع نيقية أو خلقدونيا.

دعا ألكسندر بابا الاسكندرية مجلسًا من الأساقفة المصريين إلى الاجتماع في الإسكندرية، وأقنع أعضاءه بأن يحكموا بتجريد أريوس وأتباعه من وظيفته ورتبته؛ وأبلغ الإجراءات التي اتخذها المجلس إلى سائر الأساقفة، فاعترض عليها بعضهم، وأظهر بعض القساوسة عطفًا على أريوس، واختلفت آراء رجال الدين والدنيا في الولايات الأسيوية في هذه المشكلة، وترددت في المدائن أصداء «الضجيج والاضطراب... حتى كان الدين المسيحي»، كما يقول يوسابيوس «موضوع السخرية الدنسة من الوثنيين، حتى في دور التمثيل نفسها»[(١)].

وفي عام ٣١٤ قام أسقف الإسكندرية، السكندر السكندري، الذي كان يقود المعارك الفكرية الأرثوذكسية، بعقد مجمع من الآباء المحليين عام ٣١٨ م، وتم طرد أريوس وحرمانه توطئة لاغتياله، وطرد معه أسقفان آخران وستة رهبان وعدد من القائمين بالخدمة وعدد من العذارى المكرسين للكنيسة والتابعات لفكر أريوس. هرب أريوس إلى بيت عانيا وحظي بحماية هناك، خاصة وأنه حتى ذلك الوقت لم يكن تقنين العقائد المسيحية قد بدأ، ولا التحريم القانوني للبدعة قد نشأ، وإنما كانت كل كنيسة أو كل جماعة تتبع إنجيلها ومعتقداتها. وتم انعقاد مجمع لرفع الحرمان الذي فُرض على

(١) قصة الحضارة (١٢/ ٢٠٧)

أريوس في الإسكندرية، وكانت هذه هي المرة الأولى التي يقوم فيها مجمع محلى بإلغاء قرار لكنيسة أخرى، لكنها لم تكن آخر مرة، فما أكثر الخلافات والانقسامات التي كانت دائرة ولا تزال. وفي خضم هذه المعارك أرسل الإمبراطور قسطنطين مستشاره للشؤون الدينية، أوسيوس القرطبي، إلى أنطاكيا لحسم الموقف، الأمر الذي يكشف عن مدى اتساع هذه المعركة المتعلقة أساسًا بتحريف عقيدة التوحيد.. بينما قام أسقف الإسكندرية وسكرتيره بإعداد إقرار بأمر من أوسيوس، مستشار قسطنطين، ليوقع عليه أريوس وأتباعه من رجال اللاهوت، جاء به: * الاعتراف بأن هناك إلهًا واحدًا هو يسوع المسيح فقد انتقلت إليه الألوهية عن طريق الآب؛ * وأن يسوع ابن وحيد مولود وليس مخلوق؛ * وأنه موجود من قديم الزمان؛ * وأنه لا يمكن تغييره أو تبديله؛ * وأنه ليس مجرد إرادة الله وإنما هو الوجود الفعلي لله!!

وتلي هذه البنود سلسلة من اللعنات والحرمان على كل من لا يقرها.. وكانت هذه الوسيلة لفرض الخضوع وتغيير الرأي، على المخالفين لتيار المؤسسة الكنسية، هي المرة الأولى من نوعها في مسيرتها القمعية التي لا تزال تتبع نفس عمليات القمع والترويع حتى يومنا هذا.. ويقال إن ستون أسقفًا قاموا بالتوقيع على وثيقة أوسيوس، بينما رفض أريوس وثلاثة آخرين وتم حرمانهم وتوقيع اللعنة عليهم. وقرر أسقف الإسكندرية عقد مجمع في أنقرة، إلا أن الإمبراطور قسطنطين قد فاجأ الجميع بنقل مكان المجمع إلى مدينة نيقية على بُعد ثلاثمائة كيلومترا من أنقرة! وبذلك تحول المجمع المحلي الذي كان سيعقد للبت في شأن كنسي داخلي إلى مجمع عام، يضم

كافة الكنائس، لذلك يسمى أول مجمع مسكوني أو مجمع نيقية الأول، وانعقد في منتصف عام ٣٢٥ م. ترأس الإمبراطور قسطنطين المجمع إذ كان يتابع أحداث فكر أريوس طوال سبع سنوات لأنها كانت تثير القلاقل على مدى اتساع الإمبراطورية وبين عواصمها الرئيسية الثلاث. وقد أدى الصراع بين أنصار التوحيد وأنصار التثليث إلى استحداث ظاهرة جديدة استمرت بعد ذلك وتفاقمت، ألا وهي: استخدام السياسة في الصراع الديني! وانتهى المجمع بإدانة أريوس وحرمانه لرفضه تأليه يسوع ورفضه فكرة الخلاص التي اختلقتها المؤسسة الكنسية وأضفتها على يسوع. كما أدان أورجن، رغم أنه يُعد من آباء الكنيسة وأحد آباء تفسير الأناجيل إلا أنه كان يؤمن بالتصعيد المطلق لله!

ولترسيخ وتثبيت فكرة تأليه يسوع وسد الباب على أريوس وأتباعه، اختلق مجمع نيقية عقيدة إيمان جديدة وقام بتعديل العقيدة السابقة والمعروفة باسم «عقيدة الحواريين» مؤكدًا على أن يسوع من نفس طبيعة الله ومن نفس جوهره، وقام بتثبيت عيد الفصح بأول يوم أحد بعد اكتمال قمر الربيع لإبعاده عن عيد الفصح اليهودي؛ وأقر مبدأ اللعنة على كل من يخالف هذه التعليمات الكنسية!! وعلى عكس ما تقدمه العديد من المراجع الأرثوذكسية، من أن مجمع نيقية وضع حدًا لمعركة أريوس، ففي واقع الأمر كان هذا المجمع بداية المعركة الحقيقية التي واجهت الكنيسة ولا تزال رغم الحكم بالإدانة والحرمان واللعنة.. فقد انتشرت الآريوسية لتسيطر على القرن الرابع باستقرارها في دار الإمبراطورية. ومن الواضح أنها استمرت سائدة حتى عهد متأخر، في القرن السابع، بدليل أن سيدنا محمد، عليه

الصلاة والسلام، حين وجه خطابه للقيصر حمّله ذنب الآريوسيين لو لم يسلم ويدخلهم معه في الإسلام.(١)

(١) أخرجه أحمد (المسند ١/ ٢٦٢(٢٣٧٠) وفي ١/ ٢٦٣(٢٣٧١) وفي ١/ ٢٦٣ (٢٣٧٢) و«البخاري» في الصحيح ١/ ٥ و٤/ ٦٦ برقم (٢٩٧٨) و٩/ ٩٤ برقم (٧١٩٦)، وفي (الأدب المفرد) برقم ١١٠٩، وفي (خلق أفعال العباد) برقم ٦٣ و«مسلم» في الصحيح ٥/ ١٦٣ برقم (٤٦٣٠) وفي ٥/ ١٦٦ برقم (٤٦٣١) و«أبو داود» في السنن برقم ٥١٣٦.

انتصار الفرقة الضالة

مجمع نيقيا

عندما انتشر الجدل في هذه المسألة، واشتعلت نيران الخلاف في بلاد الشرق اليوناني، اعتزم الإمبراطور الوثني قسطنطين أن يقضي عليه بدعوة أول مجلس عام (مسكوني) للكنيسة. ولهذا عقد مجلسًا من الأساقفة عام ٣٢٥ في نيقية وحضر الاجتماع عدد لا يقل عن ٣١٨ «يصحبهم» كما يقول واحد منهم «حشد كبير من رجال الدين الأقل منهم درجة»، وكان معظم الأساقفة من الولايات الشرقية، لأن كثيرًا من الأبرشيات الغربية تجاهلت هذا المجمع، واكتفى البابا سلفستر الأول Silvester 1 بأن مثله بعض القساوسة، لأن المرض حال بينه وبين حضور الاجتماع بنفسه.(١)

في الاجتماع أكد أريوس من جديد رأيه القائل بأن المسيح مخلوق، لا يرقى إلى منزلة الأب، ولكنه «مقدس بالاشتراك» معه لا غير. وقد أرغمته بعض الاسئلة الحاذقة على أن يعترف بأنه إذا كان المسيح مخلوقًا؛ وأن له بداية؛ فإن في مقدوره أن يتحول، وأنه إذا استطاع أن يتحول، فقد ينتقل من الفضيلة إلى الرذيلة، وكانت إجاباته عن الأسئلة منطقية، صريحة، قاطعة.(٢)

---

(١) قصة الحضارة (١٢/ ٢٠٩)

(٢) المصدر نفسه.

وفي المقابل وقف أثناسيوس Athanasiua، مدعيا أنه إذا لم يكن المسيح والروح القدس كلاهما من مادة الأب، فإن الشرك لابد أن ينتصر. وقد سلم بما في تصوير أشخاص ثلاثة في صورة إله واحد من صعوبة، ولكنه قال بأن العقل يجب أن يخضع لما في الثالوث من خفاء وغموض.(١)

وقد كان المجتمعون على نوعين: موحدون منكرون لألوهية المسيح يتزعمهم آريوس السكندري ويوسابيوس ومعهم زهاء ألف من الأساقفة. والقائلون بأن للمسيح وجودًا أزليًا مع الأب وأنه من ذات جوهره وإن مثّل أقنومًا مستقلًا عنه، وذكر هؤلاء بأن المسيح لو لم يكن كذلك لما صح أن يكون مخلصًا، ومن القائلين بهذا الرأي بابا روما الاسكندروس، وأثناسيوس الذي كان له الفضل الأكبر في صياغة قانون الإيمان.

وقد أصدر المجلس قرارات مجمع نيقية والتي كان من أهمها إعلان الإيمان التي تقرر ألوهية المسيح، كما أمر المجمع بحرق وإتلاف كل الكتب والأناجيل التي تعارض قراره.(٢) وأصدر قرارًا بحرمان آريوس والقائلين برأيه، وحصل لآريوس وأتباعه ما كان قاله وتنبأ به المسيح: «سيخرجونكم من المجامع، بل تأتي ساعة فيها يظن كل من يقتلكم أنه يقدم خدمة لله، وسيفعلون هذا لكم، لأنهم لم يعرفوا الآب ولم يعرفوني» «يوحنا ١٦/ ٢-٣».(٣)

---

(١) قصة الحضارة، ١٢/ ٢٠٩.

(٢) المصدر السابق (١٢/ ٢١٠)

(٣) قصة الحضارة، (١٢/ ٢٠٩) وانظر حكاية أثناسيوس لما حدث في المجمع = ⇦

وحكم المجلس على أريوس ومن معه الذين لم يتزحزحوا عن عقيدتهم أو يتوبوا عما صدر منهم، حكم عليهم باللعنة والحرمان، ونفاهم الإمبراطور من البلاد. وصدر مرسوم إمبراطوري يأمر بإحراق كتب أريوس جميعها ويجعل إخفاء أي كتاب منها جريمة يعاقب عليها بالإعدام.(١)

وقد احتفل قسطنطين وفرقته بانقضاء المجلس بأن دعا جميع الأساقفة الذين حضروه إلى وليمة ملكية، ثم صرفهم بعد أن طلب إليهم ألا يمزق بعضهم أجساد بعض.(٢)

ولكنه أخطأ إذ ظن أن النزاع قد وقف عند هذا الحد، أو أنه هو لن يغير رأيه فيه. غير أنه كان على حق حين اعتقد أنه خطا خطوة كبيرة في سبيل وحدة الكنيسة.

وقد أثمر آخر الأمر -وليس قبل ذلك- ذلك الإجماع العملي على العقيدة الأساسية التي اشتق منها اسم الكنيسة في العصور الوسطى وهي الكنيسة الكاثوليكية. وكان في الوقت نفسه إيذانًا باستبدال الوثنية بالمسيحية وجعلها المظهر الديني والعضد القوي للإمبراطوريّة الرومانية. واضطر قسطنطين أن يكون أكثر تصميمًا من ذي قبل على التحالف مع المسيحية؛ كما هي عادة الدولة الرومانية قديما مع الدين؛ وهكذا بدأت حضارة جديدة،

= المسكوني الأول: الرد على آريوس؛ الرسالة الأولى ص ١٦.

(١) قصة الحضارة (١٢/ ٢١٠)

(٢) ديورانت: المصدر نفسه.

ومؤسسة على دين جديد، تقوم على أنقاض ثقافة متضعضعة وعقيدة محتضرة؛ لقد سيطرت النسخة المحرفة، وبقوة القانون، وبدأت العصور الوسطى.(١)

(١) المصدر نفسه.

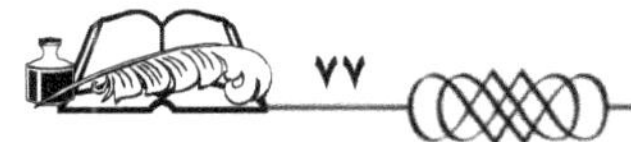

المسيحية اليونانية

❑ بولس: رسول المسيحية الجديدة

لاحقًا، وبصورة مفاجئة، ظهرت شخصية جديدة ومؤثرة جدًا، القديس بولس، الذي لم ير المسيح أبدًا. وحدث خلاف كبير بين الحواريين الأصليين للمسيح والأعضاء الجدد الذين لم يروا المسيح أبدا ولم يعرفوا شريعته. لعب بولس دورًا محوريًا. إن رسائله (من بين سبعة وعشرين كتابًا في الكتاب المقدس المسيحي يوجد منها ثلاث عشر رسالة تنسب لبولس) أرسلها إلى الطوائف المسيحية المتناثرة؛ تقدم دليلًا مباشرة على تطور هذا الدين الجديد. يصف بولس نفسه في رسالته إلى أهل غلاطية بأنه فريسي يهودي اضطهد المسيحيين حتى جاءه على وحي من الله تحول على إثره إلى رسول(غلاطية ١: ١٣-١٦):

(فَإِنَّكُمْ سَمِعْتُمْ بِسِيرَتِي قَبْلًا فِي الدِّيَانَةِ الْيَهُودِيَّةِ، أَنِّي كُنْتُ أَضْطَهِدُ كَنِيسَةَ اللهِ بِإِفْرَاطٍ وَأُتْلِفُهَا.

١٤ وَكُنْتُ أَتَقَدَّمُ فِي الدِّيَانَةِ الْيَهُودِيَّةِ عَلَى كَثِيرِينَ مِنْ أَتْرَابِي فِي جِنْسِي، إِذْ كُنْتُ أَوْفَرَ غَيْرَةً فِي تَقْلِيدَاتِ آبَائِي. ١٥ وَلكِنْ لَمَّا سَرَّ اللهَ الَّذِي أَفْرَزَنِي مِنْ بَطْنِ أُمِّي، وَدَعَانِي بِنِعْمَتِهِ ١٦ أَنْ يُعْلِنَ ابْنَهُ فِيَّ لأُبَشِّرَ بِهِ بَيْنَ الأُمَمِ، لِلْوَقْتِ لَمْ أَسْتَشِرْ لَحْمًا وَدَمًا)

بعد ذلك تنقل بولس في جميع أنحاء آسيا الصغرى واليونان كمبشر مسيحي.

وجد علماء تاريخ ولاهوت الكتاب المقدس حادثة أنطاكية تعبيرًا واضحا عن النزاع في العصر الأول بين رئيس الحواريين بطرس وبولس، وما حدث في مدينة أنطاكية منتصف القرن الأول. والمصدر الرئيسي للحادث هو رسالة بولس نفسه إلى أهل غلاطية ٢: ١١-١٤.

لقد كانت دليلًا على وجود صراع بين قادة المسيحية المبكرة. على سبيل المثال، كان بطرس «جسرًا» بين وجهات النظر المتعارضة لبولس ويعقوب شقيق يسوع.

وأما التفاصيل -بحسب الرسالة إلى أهل غلاطية الإصحاح ٢، كان بطرس قد سافر إلى أنطاكية وهناك حدث خلاف بينه وبين بولس. يقول بولس (غلاطية ٢: ١١-١٣: عندما جاء بطرس إلى أنطاكية، قاومته في وجهه، لأنه كان مخطئًا بشكل واضح».

ويروي صورة أخرى وسبب آخر للنزاع بينه وبين بطرس في (سفر اعمال ١٥: ١): «وانحدر قوم من اليهودية وجعلوا يعلمون الاخوة انه ان لم تختتنوا حسب عادة موسى لا يمكنكم ان تخلصوا».

واجه بولس بطرس والتلاميذ بشدة (غلاطية ١٢،٢:١١) واتهمه بالنفاق. واما اتباع بطرس وأتباعه فكانوا يعادون بولس الرسول بشده حتى نهاية حياته (كورنثوس الثانية ١١: ٢٦). هؤلاء المسيحيين اليهود استمروا في النزاع مع بولس لكي يمتنع عن دعوة الوثنيين -حسب- وصايا المسيح نفسه وان يتمسكوا بالشريعة اليهودية، مثل الختان وأن يحفظوا ناموس موسى ء ولكن بولس رفض هذه الفكرة (كورنثوس الثانية ١٥: ٢) وبصراحة شديدة يقول:

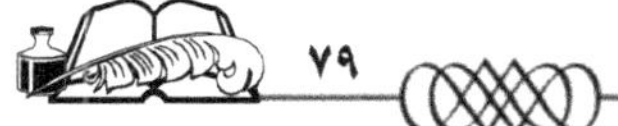

(غلاطية ٥: ٢): «ها أنا بولس اقول لكم انه ان اختتنتم لا ينفعكم المسيح شيئا».

المقارنة بين بطرس وبولس تعطي صورة؛ ولو مختصرة، عن الفرق بين النسختين: كان بطرس يهوديًا مثل أستاذه، رسول الختان؛ ولا يرعى إلا خراف إسرائيل الضالة، كما أوصى سيده، بينما صار بولس هو رسول الغرلة، ويدعو الأمم الوثنية (غلاطية ٢: ٧) وبينما كان بطرس كان متزوجًا؛ كما كان سيده(١) كان بولس بتولًا، (١كو٩: ٥) (ألعلنا ليس لنا سلطان أن نجول بأخت زوجة كباقي الرسل وإخوة الرب وصفا) (لوقا ٤: ٣٨) (١كو٧: ٨).

❑ مسيحية بولس:

ناقش العلماء علاقة بولس بالعقيدة اليهودية، ومن المرجح أن فكر بولس تحول -إلى حد كبير- عن اليهودية وفكرتها عن الله وعلاقته بخلقه، إلى مزيج من عناصر عبارة عن مزيج من اليونانية واليهودية الفريسية.(٢)

---

(١) هذا ما ينكره أيضا الأرثوذوكس للخروج من تناقضاتهم، بينما المصادر التاريخية تؤكد ان المسيح كان متزوجًا؛ على الأرجح من مريم المجدلية. وهو ما يبرره روايات كثيرة حتى في العهد الجديد القانوني؛ لا يمكن تفسير العلاقة بينهما إلا بالزواج اليهودي.

(٢) الفريسيون هم حزب سياسي ديني برز خلال القرن الأول داخل المجتمع اليهودي في فلسطين؛ يعود أصل المصطلح إلى اللغة الآرامية ويشير إلى الابتعاد والاعتزال عن الخاطئين؛ كان الفريسيون يتبعون مذهبًا دينيًا متشددًا في الحفاظ على شريعة موسى والتوراة الشفهية والأحكام التي استنبطوها.

وفقا لبولس، كان صلب المسيح والعهد الجديد هو المنحة الإلهية الجديدة، عوضًا عن الناموس الفاشل؛ لأن الإنسان لا يمكن أن يتطهر بدم التيوس والخراف.

قسم بولس العالم إلى مملكتين؛ أو فترتين؛ الفترة التي سبقت مجيء المسيح والفترة التي تلته؛ المملكة الأولى، مملكة الجسد أو عالم الموت والعبودية ودينونة الخطيئة. والثاني، مملكة الروح، وهي شرط للحياة الأبدية والحرية والخلاص والعلاقة الصحيحة مع الله. وفقًا لبولس؛ يمثل الصلب وقيامة المسيح إلغاء للدينونة، على الرغم من أن يوم الدينونة (يوم القيامة) لم يقع بعد، فإن أولئك الذين يقبلون المسيح سيُخلصون من عبء الشر والموت والخطيئة. لقد أرسل الله يسوع ليقهر الموت، وباعتباره ابن لله، تواضع بنفسه حتى يأتي الجميع إلى الآب. ومن بين الأمور المحورية في هذا اللاهوت التمييز بين «الأعمال» و«الإيمان». فالإيمان، كما يقول بولس، هو هدية مجانية، وعلامة على النعمة الإلهية. والخلاص لا يمكن أن يُكتسب بالخضوع للناموس، ولكن «١١، وَلكِنْ أَنْ لَيْسَ أَحَدٌ يَتَبَرَّرُ بِالنَّامُوسِ عِنْدَ اللهِ فَظَاهِرٌ، لأَنَّ «الْبَارَّ بِالإِيمَانِ يَحْيَا» (غلاطية ٣: ١١) والإنسان لا يمكن أن يتطهر بدم التيوس والخراف.

في رسائله، يميز بولس العهد الجديد بعد المسيح عن حياة الخطيئة، لقد رفع الصليب الأغلال عن المؤمنين وأصبحت كل الأشياء مسموحًا بها لأولئك الذين يؤمنون به. على أساس هذا الاعتقاد، يؤكد بولس على أهمية المحبة - تماما كما كان فعل الله في المسيح بدافع الحب، لذلك الحب هو الهدية الروحية العليا؛ لأن الله محبة.

وفقًا لبولس؛ على خلاف بطرس؛ لم يعد المؤمنون بالعهد الجديد تحت ناموس العهد القديم، ولم يعد الختان فريضة. وقد تم تأكيد هذا في عدد من مقاطع العهد الجديد، من بينها أعمال الرسل ١٥؛ غلاطية ٢: ١-٣؛ ٥: ١-١١؛ ٦: ١١-١٦؛ كورنثوس الأولى ٧: ١٧-٢٠؛ كولوسي ٢: ٨-١٢؛ فيلبي ٣: ١-٣.

استبدل بولس الختان اليهودي بالمعمودية المسيحية والخلاص أصبح بدم المسيح ليس بالناموس. فصلب المسيح هو الذي يخلص المؤمنين وليس ممارسة أي طقس ظاهري. وبما أن الناموس كان يقر بأن الختان وحده ليس كافيًا لإرضاء الله، وتكلم بالتحديد عن الحاجة إلى «خِتَانُ الْقَلْبِ» (تثنية ١٠: ١٦؛ موافقا لرومية ٢: ٢٩). فبالنسبة للخلاص لا تحقق أعمال الجسد أي شيء (غلاطية ٢: ١٦).

والموضوع الثاني في رسائل بولس هو رفضه لأحكام الشريعة: فأصبح من غير الضروري، كما يقول، أن يتم ختان المسيحيين واتباع شريعة الطعام اليهودية. كان مبنيًا على مفهوم بولس للخلاص. فمن خلال خطيئة آدم، دخلت الخطيئة والموت إلى العالم. فكما كان إيمان إبراهيم بالله هو سبب بره وبناء عليه يكون الإيمان أهم من الشريعة. ويقرر بولس أنه لم يكن تشريع التوراة ملزما إلا لفترة محدودة. ولا يمكن أن تكون التوراة في حد ذاتها سببًا في خلاص الناس.

كان بولس في الحقيقة يتحدث عن شيء آخر ودين جديد يختلف عن دين المسيح. لم يطلب بولس من المؤمنين الجدد من الأمم أن يختتنوا ولا أن

يلتزموا بالشريعة الموسوية. وكان بولس ينظر إلى أن اتباع الوصايا العشر والتعاليم التوراتية، على أنها كانت جزءًا من الماضي، كانت رمزًا لدخول الإسرائيليين في العهد الإبراهيمي، بينما أصر أكثر التلاميذ الآخرين من المسيحيين اليهود (أي الفريسيين المتحولين) على طاعة جميع الوصايا التي لا يمكن أن يترك منها حرف واحد. بما في ذلك الختان. [أعمال الرسل ١٥: ١] من جهة أخرى كانت طقوس الختان؛ وعلى النقيض من اليهودية؛ وحتى الإسلام، اعتبرت شعيرة الختان مزعجة ومثيرة للاشمئزاز خلال فترة الهيلينية في شرق البحر الأبيض المتوسط ، وكانت مرفوضة بشكل خاص لاسيما من الإغريق والرومان القدماء. هكذا ثار في نفس الفترة الزمنية تقريبًا، موضوع موقف الوثنيين من التوراة؛ فاعترض بولس بشدة على الإصرار على حفظ جميع الوصايا اليهودية، واعتبرها تهديدًا كبيرًا لعقيدة الخلاص من خلال الإيمان بصلب المسيح.

أيضًا كان بولس مهتمًا بدعوة الوثنيين إلى المسيحية في أفسس وكورنثوس وفيلبي وتسالونيكي. كان رأى بولس أن قيامة يسوع إيذانا بتحول ملكوت السماوات دراماتيكيا كما تنبأ بها أنبياء العهد القديم حيث يستبدل الله الأمم الوثنية الذين سوف يتركون الأصنام ويعبدون إله إسرائيل الحقيقي الواحد، ورأى بولس نفسه باعتباره رسول من الله تعالى خصيصا لإنجاز هذه المهمة. وهو الذي أعلن -على خلاف المسيح وتلاميذه- قبول الله للأمم ويدعوهم إلى الرجوع إلى الله.

عندما بدأ الوثنيون في التحول من الوثنية إلى المسيحية المبكرة، نشأ نزاع

بين تلاميذ المسيح -لاسيما رئيسهم بطرس ومعهم يعقوب أخو المسيح- وسائر القادة المسيحيين اليهود من جهة، وبين بولس من جهة أخرى، حول ما إذا كان دعوة المسيح تشمل الوثنيين أم لا، وهل يجب عليهم مراعاة جميع تعاليم شريعة موسى أم لا.

أحد الموضوعات التي كان مثار خلاف بين النسختين، اليهودية واليونانية، هو الموقف من الوثنيين! لقد سبب موضوع إدراج الوثنيين في المسيحية المبكرة مشكلة تتعلق بالهوية اليهودية عند الجيل الأول من المسيحيين، على سبيل المثال هل يمكن أن يدخلوا في الجماعة المسيحية بجوار بني إسرائيل أبناء الله، وهل تتوجه إليهم الدعوة المسيحية وتشملهم حدودها أم لا؟ وكذلك هل يطلب منهم طاعة ناموس موسى أو يكفيهم للخلاص إيمانهم بالمسيح؟

بالنسبة للمسيحين اليهود؛ لم يرسل المسيح؛ مثل كل الأنبياء قبله، إلا إلى خراف إسرائيل الضالة،

ويرى بولس أن دخول الأمم في ملكوت السماوات يتماشى مع تنبؤات العهد القديم بأنه «في الأيام الأخيرة سيأتي الأمم غير اليهود إلى إله إسرائيل، (انظر مثلًا سفر زكريا ٨: ٢٠-٢٣)، ليسوا كمرتدين، بل متحولين إلى إسرائيل. بالنسبة لبولس، كان ختان الذكور من الأمم إهدار لخطة الله هذه. وهكذا أيضا؛ بناءً على ذلك، اعتبر بولس نفسه رسولًا الله لخلاص الأمم وأنه»، كان «مفوضًا من الله تعالى ليدخل ضمن شعب إسرائيل («ملء») الأمم» (رومية ١١:٢٥).

المسيحية بعد بولس:

المرحلة التالية في تطور المسيحية حدثت في العقود التي تلت وفاة بولس. مع مرور الوقت تبلورت أفكار بولس من خلال تلاميذه، وبدأت الحركة نحو تكوين الكتاب المقدس للدين الجديد، والنصوص والقصص المسيح سجلت أخيرًا؛ وليس أولًا، وشكلت اخيرا الأساس الأول للأناجيل وسفر الأفعال التي لم يتحدث عنها بولس أبدًا، ولم يذكر أيًا منها بالاسم أبدًا، كدليل واضح على أنه لم يرها أو حتى سمع بها. بينما رسائل بولس في الحقيقة هي أقدم النصوص المسيحية تسجيلا وتدوينًا.

إن تطور المسيحية نفسها وتطور الكتب المقدسة المسيحية ويسيران في خطيين متوازيين، يمكن رسمهما على النحو التالي:

جميع الكتب المقدسة اليوم؛ أسماؤها ومحتواها، تشكلت بعد بولس؛ ووفقًا لآرائه، وبواسطة تلاميذه. لم يعرف بولس ولم يذكر أيًا من هذه الكتب أبدًا في حياته. في الواقع لا يوجد دليل على وجود الأناجيل الحالية (القانونية) بيد المسيحيين قبل القرن الثاني، قبل ذلك لم يكن لدى المسيحيين إلا رسائل بولس. أوضح دليل على ذلك أن بولس نفسه لا يذكر أيًا من هذه الأناجيل باسمها ولا مرة واحدة، ولا يعرف إلا إنجيل المسيح. هذه الكتب هي التي شكلت العقيدة المسيحية الجديدة بواسطة تلاميذ بولس اليونان.

في عصر المسيح كان هناك إنجيلًا واحدًا فقط يشير إليه المسيح. وعندما سكبت المرأة الطيب عند قدمي المسيح قال: «الحق أقول لكم حيثما يكرز

بهذا الإنجيل في كل العالم يخبر أيضًا بما فعلته هذه تذكارًا لها». [متى ٢٦/ ١٣]، وهو بالطبع لا يقصد إنجيل مرقس الذي ألفه مرقس بعد القصة بسنوات طويلة. ويقول مرقس: «من يهلك نفسه من أجلي ومن أجل الإنجيل فهو يخلصها». [مرقس ٨/ ٣٥]. والملاحظ أن هذه النصوص تتحدث عن إنجيل واحد، وليس الأناجيل الأربعة أو السبعين التي رفضتها الكنيسة، وتسمي النصوص هذا الإنجيل، إنجيل الله، وإنجيل المسيح.

وتحدث بولس فقط عن إنجيل المسيح، وأناجيل أخر ضد المسيح، على سبيل المثال تحدث بولس عن إنجيل المسيح في نصوص كثيرة منها: قول بولس: «إني أعجب أنكم تنتقلون هكذا سريعًا عن الذي دعاكم بنعمة المسيح إلى إنجيل آخر.. يوجد قوم يريدون أن يحولوا إنجيل المسيح..» (غلاطية: ١/ ٦ - ٨)، فهو يتحدث عن إنجيل المسيح الذي يريد بعض الناس تركه إلى إنجيل آخر مزور. ومثله أيضا قول بولس: «بل نتحمل كل شيء لئلا نجعل عائقًا لإنجيل المسيح.. أمر الرب أن الذين ينادون بالإنجيل من الإنجيل يعيشون» [كورنثوس (١) ١٢/ ٩-١٤]. ويقول متوعدًا: «الذين لا يطيعون إنجيل ربنا يسوع، الذين سيعاقبون بهلاك أبدي» [تسالونيكي (٢)(١/ ٨-٩) وفي أعمال الرسل على لسان بطرس أنه قال: «أيها الرجال الإخوة: أنتم تعلمون أنه منذ أيام قديمة اختار الله بيننا أنه بفمي يسمع الأمم كلمة الإنجيل ويؤمنون» [أعمال ١٥/ ٧].

لم يذكر القديس بولس طوال حياته أي من هذه الأناجيل الأربعة بالاسم ولم يبد أنه عرف شيئا عنها حتى وفاته.

بينما كتابات بولس الرسول بعده مُنحت مكانة رسمية في بَعْض الأماكن حيث صُنّفت ككتب مقدّسةٍ. أيضًا بَعْض المسيحيين بدئوا يَظهرون مجموعة جديدة مِن النصوص – تنسب للمسيح وحوارييه (انظر: رسالة بطرس الثانية ٣:١٦) لتوضع في مكانة مساوية لمكانة العهد القديمِ، فليس مفاجأة أن يضم العهد الجديد أخيرًا أناجيل وكتابات رسولية (بولس وآخرون) مثل العهد القديم.

في منتصفِ القرن الثاني، نجد أن جوستن الشهيد Justin يقتبس مما يَسميه «مذكرات الحواريين» ويُشيرُ إلى استعماله في الكنائسِ. يُشيرُ جوستن إلى «مذكرات الحواريين» في ثمان مناسباتِ وإلى «مذكرات» في أربعة أخرى. اقتباساته من هذه النصوصِ تشير إلى أنه ربما يقتبس من إنجيل من الأناجيل المتشابهة Synoptic، دون الإنجيلِ الرابعِ.[١] لكنه لا يذكر أيّ إنجيل منها باسمه.

معاصر جوستن هو مرسيون Marcion – تبني الدَعوة لكتاب آخر، يتفق مع عقيدة بولس. كان مرسيون Marcion أحد المؤمنين ببولس وكَانَت عقيدته متجذّرة في البولسية (نسبةً إلى مذهب بولس)، التي كَانَت ترفض أيّ أثر لليهوديةِ. هكذا احتوى كتابه على رسائلَ بولس العشْرة، مُنقحة من أي آثار لليهودية (مثل شواهد العهد القديمِ)، وإنجيل واحد، يشبه -أو هو -

(١) انظر:
Metzger, B. M.1987. the Canon of the New Testament: Its Origin, Development, and Significance, CLARENDON PRESS, OXFORD, PP 43-45

لوقا، نقح بنفس الطريقة، وليس فيه أي سفر من أسفار العهد القديم، ودون ذكر أسماء.[١] هذا المجموع شاهد على تبنيه لنسخة المسيحية البوليسية.

بعد مرسيون Marcion ظهرت بقية الكتب البولسية (الأناجيل القانونية). فنرى المسيحيين البولسيين يدافعون بقوة عن نسخَهم الخاصةَ للكتب المقدسة المسيحيةِ:

هذا إرينوس Irenaeus، يكتب بعد بحوالي ثلاثين سنة من وفاة جوستن الشهيد، يَقبل العهد القديم؛ لكن مع أربعة أناجيل تجب أن تضم إلى الكتب المقدّسة: متى، مرقص، لوقا، ويوحنا، ويدعي بِأَنَّ هذا العدد تشهد له حتى الطبيعةِ، لأن هناك أربع رياحِ، وأربع جهات للأرض، التي نشرت عليها المسيحيةِ، ولذا بالضرورة أربعة أعمدةِ يُبْنَى عليها الإنجيل.

بناءً على ذلك، يُهاجمُ ارنيوس Irenaeus الزنادقةِ، سواء الذين افتروا إنجيلا خاصًا بهم أَو الذين يقُبلون إنجيلا وحيدِا فقط من أحد الأربعة، فبعض هؤلاء «الزنادقة» كانوا يقدسون فقط إنجيل متى، وآخرون كانوا يحتكمون فقط إلى مرقص، وأما مرسيون Maricon فكان يحتكم فقط إلى لوقا، والفالنتين Valentinians لأنهم يعترفون فقط بيوحنا.

بالنسبة لإيرنوس Irenaeus هناك أربعة أناجيل رسولية التي في مجموعِها تحفظ حقيقةَ الله؛ أي شيء أكثر أَو أيّ شيء أقل هو بدعةِ.

لم تكن هذه الكتب وحدها في الميدان؛ فقد كانت هناك مناقشات جادة

---

(١) انظر: متزجر Metzger، قانون العهد الجديد، ٩٠-٩٩.

حول عدد من الكتابات ادعى بأن من كتبها هم تلاميذ المسيح؛ لكن كان بعض المسيحيين يعتقد أنها كانت مزورة.

والذي يدل على وجود هذا النشاط من القرن الأول الكتابات القانونية نفسها: فهذا لوقا، الصديق الحميم لبولس، مؤلف الإنجيل الأول وسفر أعمال الرسل، كما يعتقد أكثر المسيحيين، يشكو من كثرة ما كتب من قصص حول المسيح ورسالته، ممن رأى وشاهد وسمع وممن لم يقع له شيء من ذلك (لو ١:١-٦).

استمر المسيحيون في مناقشة قبول بعض الكتب ورفض الأخرى حتى أثناء القرون الثاني والثالث والرابع. تركزت الخلافات حول:

(أ) ما إذا كانت الكتب المعنية قديمة (مثلا بعض المسيحيين أرادوا تضمين رسالة راعي هيرماس، على سبيل المثال؛ رفضها آخرون لأنه تم صياغته بعد عصر الرسل).

(ب) ما إذا كانت قد كتبت من قبل الرسل (مثلا أراد البعض إدراج الرسالة إلى العبريين على أساس أن بولس كتبها؛ وأصر آخرون على أنه لم يفعل ذلك.

(ج) ما إذا كانت هذه الكتب مقبولة على نطاق واسع بين التجمعات المسيحية الأصيلة باعتبارها تحتوي على تعليم مسيحي صحيح (كثير من المسيحيين، على سبيل المثال، عارضوا قصة نهاية العالم التي ذكرت في سفر الرؤيا).

على كل حال لم يتم الانتهاء من فهرست العهد الجديد حتى عام ٣٦٧م، أي بعد قرنين ونصف من كتابة آخر كتاب في العهد الجديد، قبل ما يكون بيد أي مسيحي فهرست أو قائمة أو سجل يحوي هذه السبعة والعشرين كتابًا الحالية كقانون الكتاب المقدس الموثوق.

هذه العملية -أعني حذف بعض الكتب وإدراج غيرها- لم يكن بناء على دراسة شاملة، وبحث علمي دقيق، بل ربما كان أقرب إلى العشوائية. دليلي على ذلك ما يلاحظه الباحث من تناقض بين أجزاء العهد الجديد، فخلاف ما نتوقع، ما يقوله متى لا ينطق مع ما يقوله مرقص، وما يقوله لوقا يخالف صاحبيه، وأما يوحنا فهو في شغل آخر. في هذه الدراسة سوف أبحث كلا من هذه الكتب؛ دراسة تحليلية دون خلفيات عقائدية لتحدثنا هي عن نفسها وعن تفسيرها دون التقيد بالآراء العقائدية أو الكنسية المسبقة. هذه هي الخطوات الأولى نحو قانون الكتاب المقدّسِ الحركة التي انتهت بتشكيلِ العهد الجديد؛ مجموعةَ الكتب الرسميّة؛ التي استَعملها المسيحيون للفصلِ في المسائل العقائدية. متى صار هذا المجموع هو العهد الجديد (القانوني) أخيرًا؟

والمتفق عليه كذلك عند المسيحيين أن المجموعة الحالية؛ السبعة وعشرين كتابا هذه، وهذه السبعة وعشرين فقط، التي ينبغي قبولها ككتاب مقدس كان في عام ٣٦٧ م، في رسالة كتبها أسقف الإسكندرية (مصر) القوي، أثناسيوس. حتى ذلك الحين لم يكن الأمر قد حسم. وفي كنائس أخرى لم يكن هناك أبدًا اتفاقًا حول هذه القضية. كان لكل كنيسة أفكار

مختلفة حول قانونية هذه الكتب، مثلًا ما إذا كانت رؤيا يوحنا يمكن أن تدرج ضمن المحتوى (وهذا ما صار أخيرا)، أو ما إذا كانت رؤيا بطرس ينبغي أن تدرج (وهو ما لم يحدث). وإذا ما كانت رسالة بولس الرسول إلى العبرانيين ينبغي أن تدرج (أخيرًا أدرجت) أو رسالة برنابا (لم تدرج). وهلم جرا. وبعبارة أخرى، استمرت هذه المناقشات على مدى ثلاث مئة سنة. يعتقد بعض العلماء أن هذا الأمر من أثناسيوس، وما يقترن به من تحريم الكتب الأخرى، أدى إلى أن رهبان كثيرين، منهم رهبان الدير القريب من نجع حمادي؛ في مصر، لإخفاء كتبهم التي وثقوا بها والتي اكتشف بعضها بعد ١٦٠٠ سنة. هكذا بدأت الحركة نحو قانون أو فهرس العهد الجديد عند نهاية القرن الأول ثم تطور، لكنّ النزاعَ بين المجموعاتِ المسيحيةِ المُخْتَلِفةِ كَان هو الذي قاد إحداهَا -التي أصبحت لاحقًا النسخة القياسية-، لتجادل في سبيل الثقة، وبناءً على ذلك، القانونية canonicity، لعدد من الكتاباتِ قيل أنهَا رسوليَة، أي اعْتَقَد بأنَّها تَحتوي على تعاليم أتباعِ المسيح الأوائل. ظهور كتب المسيحيةِ هكذا يُمثّلُ إحدى أسلحة الترسانةِ المسيحيةِ، المستَعملة لتَأسيس النسخةِ الأرثوذوكسيةِ للمسيحية ولإقصاء كُلّ وجهات النظر المنافسة. هذه هي الخطوات الأولى نحو قانون الكتاب المقدّسِ الحركة التي انتهت بتشكيلِ العهد الجديد؛ مجموعةَ الكتب الرسميّة؛ التي استَعملها المسيحيون لترسيخ العقيدة المسيحية.

المسيحية قبل المسيح

في العالم اليوناني؛ البيئة الجديدة للمسيحية، كانت هناك مسيحية قبل المسيح! كان العالم اليوناني عالمًا وثنيًا. بينما المسيحية في نسختها الأصلية، مثلها في ذلك مثل اليهودية والإسلام، هي رسالات توحيدية، وتدعو إلى الايمان بإله واحد؛ ولو بدلالة عقلية بحتة؛ أعني من المعقول أن نعتقد أن هناك إله واحد، وإله واحد فقط، لكن كان هذا بالنسبة للناس في العالم اليوناني شيئًا غريبًا تمامًا. عند اليونان تعدد الآلهة؛ فهناك آلهة كثيرة، من جميع الأنواع والأوصاف، لجميع الوظائف والمواقع: آلهة الحقول والغابة، آلهة الأنهار والجداول، آلهة المنزل والساحات، آلهة المحاصيل والطقس، آلهة الشفاء، آلهة الخصوبة، آلهة الحرب، آلهة الحب. فالوثنية أو الإيمان بتعدد الآلهة كان موجودًا دائمًا في عصور ما قبل التاريخ، وفي العصر الروماني اليوناني كان تعدد الآلهة قضية بدهية. لا يعني ذلك أن الجميع كانوا يعبدون نفس الآلهة. على العكس من ذلك، فإن العديد من الآلهة كانوا آلهة محليين – أي آلهة خاصة بمكان معين أو عائلة معينة. وبسبب تبادل الغزو بين القرى والبلدات والبلدان لقرى وبلدات أخرى، قد تنتشر الآلهة المحلية أحيانًا وتنتقل إلى مناطق أخرى، وأحيانًا تصبح آلهة دولية. في بعض الأحيان، تقبل الشعوب المهزومة آلهة الفاتحين، إما عن طريق استبدالها بآلهتهم (لأن آلهة المنتصرين أكثر قوة طبعًا)، أو باستبدال الأسماء الجديدة لآلهتهم القديمة

(كحيلة للتغيير)، أو بإضافة آلهة جديدة لتلك التي كانوا يعبدونها بالفعل. كان هناك بالطبع «الآلهة العظيمة» الذين كانوا يعبدون في أماكن مختلفة من البحر الأبيض المتوسط. ومن هذه الآلهة تلك التي أشار إليها الشعراء القدماء مثل هوميروس Hesiod. صاحب أشهر ملحمتين شعريتين باليونانية الإلياذة والأوديسة.

هرم الآلهة

كان العالم اليوناني الروماني يصور عالم الإلهة في صورة هرم متدرج، فيه عدد قليل من الآلهة القوية، تكون في قمة الهرم والآلهة الأخرى، الأكثر عددا لكن أقل قوة؛ تكون في قاعدة الهرم. في ذروة الهرم كان أكبر الآلهة مثل بعض المفكرين والفلاسفة وتلامذتهم، سواءً كان هو زيوس يوناني، أو المشتري الروماني، أو إله آخر مجهول، لكنه قوي جدًا لا تدركه العقول والأفهام. هذا الإله مسؤول في نهاية المطاف عن العالم وعن كل ما يحدث فيه.

تمثل الطبقة التالية من الهرم الآلهة القوية التي تعبد في مختلف المناطق في جميع أنحاء الإمبراطورية، لكل من هذه الآلهة وظيفة في المجتمع البشري. على سبيل المثال، كان آريس (المريخ باللاتينية) إله الحرب، أفروديت (فينوس) إله الحب، وديونيسوس (باخوس) إله النبيذ. بوسيدون (هو إله البحر في كلٍّ من الميثولوجيا الإغريقية وكذلك وأيضا الميثولوجيا الرومانية والتي يُعرف فيها باسم نبتون)، وهيرا (زوجة زيوس وأخته، وربة الزواج) وأفروديت (إلهة الحب والشهوة والجمال، الإنجاب) وأرتيميس (إلهة الصيد والبرية، حامية الأطفال، وإلهة الإنجاب، العذرية، والخصوبة) وديونيسوس (إله الخمر عند الإغريق القدماء وملهم طقوس الابتهاج والنشوة) وغيرهم من آلهة الأساطير اليونانية. في الأوساط الرومانية تسمى هذه الآلهة بأسمائها اللاتينية: نبتون، جونو، فينوس، ديانا، وباخوس. كان

يعتقد أن هذه الآلهة قوية وتستحق العبادة والثناء.(١)

وتحت هذه الطبقة كانت هناك آلهة أخرى أقل، الآلهة المحلية التي كانت تتمتع بقوة محدودة، مع أنها كانت لا تزال أبعد عن أفهام البشر.

كان لدى معظم الناس آلهة عائلية خاصة، على سبيل المثال، في الديانة الرومانية، يعبد كل منزل الآلهة تسمى Penates التي كانت تشرف على مخزن البيت وتبارك ما فيه من المواد الغذائية، وكذلك الآلهة لاريس (ويعتقد أنها أرواح أجداد العائلة) الذين يحمون المنزل وسكانه. وكان لكل عائلة إله شخصي، مثل الملاك الحارس يُدعى جنيس «genius»، ويعتقدون أنه يقيم عند كبير أو رب الأسرة. كانت الآلهة الأسرية تستقر وتصور وتخلد بشكل منتظم من خلال الأصنام المنزلية حيث كانوا يعبدونها من خلال الصلوات وأعمال القربى الأخرى.

أخيرًا، في قاعدة الهرم الإلهي، كان هناك مجموعة من الآلهة التي كانت جسرا بين البشر والآلهة بشكل أو بآخر. ومنهم البشر الذين، عند وفاتهم، يتم تخليدهم مثل الآلهة. هؤلاء كانوا عادة رجال عظماء، فلاسفة أو محاربين، بسبب أعمالهم الرائعة حصلوا على الرضا الإلهي، وعند موتهم كما رضي عنهم كما في حياتهم.(٢)

---

(١) Moyer V. Hubbard, (2010) Christianity in the Greco-Roman World: A Narrative Introduction, and James S. Jeffers, (1999) The Greco-Roman World of the New Testament Era: Exploring the Background of Early Christianity.

(٢) See: W. H. D. Rouse, (2001) Gods, Heroes and Men of Ancient =

كان هناك أيضا أنصاف الآلهة، وهؤلاء أفراد ولدوا بسبب الاتحاد مع إله أو إلهة، كما نجد في عدد من الأساطير اليونانية والرومانية والحكايات الشعبية. هذه الفئة الأخيرة هي ذات أهمية خاصة بالنسبة لنا لأنها تضم أشخاصًا مختارين اعتقد على نطاق واسع أنهم أكثر بكثير من البشر، بما في ذلك فلاسفة مثل فيثاغورس، والرياضيون العظماء مثل هيراكليس، والحكام الأقوياء مثل ألكسندر المقدوني، الذين كانت قوتهم تؤثر على حياة البشر.

كان الإمبراطور الروماني هو من هذا النوع من الآلهة. من المنظور الإلهي كان إلهًا ثانويا جدًا، ولكن من وجهة نظر الإنسانية، كان قويا بشكل خيالي، إله، يستحق العبادة والثناء.

هذه هي النسخة اليونانية للمسيحية، والوثنيين الذين عرفوا وسمعوا قصصا عن المسيح وصلبه تضحية وفداءً عن الآخرين، لن يجدوا صعوبة في فهم ما تعنيه هذه القصص؛ التي تؤكد أن المسيح هو إله من هذه الطبقة، الرجل الإله الذي نزل إلى الأرض ليخلص العالم.

=

.Greece: Mythology's Great Tales of Valor and Romance

المسيح اليوناني

حتى نفهم أكثر أثر البيئة اليونانية في المسيحية أسرد قصة أحد هؤلاء الآلهة أبولونيوس Apollonius من تيانا Tyana وهو ممن أطلق عليهم أبناء الله الذين أظهرت تعاليمهم المثالية وأعمالهم الخارقة حقيقتهم الإلهية.(١)

كان أبولونيوس Apollonius من تيانا Tyana رجلًا مشهورًا عاش منذ ما يقرب من ٢٠٠٠ عام في إحدى المناطق التي تحكمها الإمبراطورية الرومانية. عرفت أمه عند ولادته أنه ليس شخصًا عاديًا. فقبل ولادته، ظهرت لها ملاك من السماء يبشرها بأن ابنها لن يكون مجرد إنسان، بل سيكون إلهًا. تأكدت هذه النبوءة والبشرى في الميلاد الإعجازي لهذا الإله، فولادته كانت مصحوبة بعلامات خارقة للطبيعة. ثم في شبابه؛ اعترف الجميع بأن له قوة روحية غير عادية، ناقش وعارض ووبخ علماء عصره، وأفحمهم، مما أظهر معرفته الدقيقة والفائقة بالكتب والمسائل الدينية. عندما بلغ أشده؛ ترك عمله ومنزله وشرع في الدعوة في كل مكان. هكذا سافر من مدينة إلى أخرى مبشرًا برسالته التي حملها؛ رسالة البشارة. كانت موعظته تتركز على أنه

---

(١) See: Bernard M.D., R. W, (2009) Apollonius Of Tyana The Nazarene, Independent Publishing, and H. P. Blavatsky.

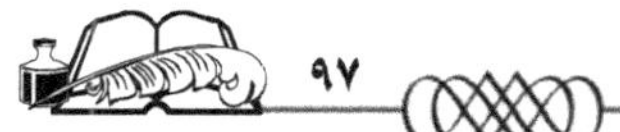

يجب أن يتخلى الناس عن الانشغال بملاذ هذه الحياة، فلا يهتموا بما يجب أن يرتدوا من الملابس وماذا يجب أن يأكلوا. يجب أن يهتموا بدلًا من ذلك بأرواحهم وحياتهم الأبدية في ملكوت السماوات. لقد جمع حوله عددًا من التلاميذ الذين آمنوا بتعاليمه وشخصيته الخالية من الذنوب، فآمنوا بأنه ليس إنسانًا عاديًا ولا ابن إنسان؛ بل هو ابن الله. وياكد ذلك عندهم بما قام به من معجزات مذهلة شاهدوها بأعينهم. لقد تنبأ بأشياء وأمور وحوادث مستقبلية، شفا المرضى، وأبصر العميان، وأخرج شياطين وأحيا الموتى. ومع ذلك لم يؤمن به الجميع، بل كثيرون حاربوه وأخيرًا ظفروا به، ولفقوا له تهمًا باطلة، وحاكموه محاكمة ظالمة، ثم اخيرًا قتلوه. لكن حتى بعد موته، لم يترك تلاميذه وحدهم، بل ظهر لهم ورأوه، ظهر لهم حيًا ولمسوه بأيديهم، لتطمئن قلوبهم ويؤمنوا بأنه انتصر على الموت.

هذا الرجل التاريخي ليس المسيح ابن الله الحي؛ صانع المعجزات، بل هو ابن الله اليوناني، صاحب هذه القصة هو المعلم اليوناني العظيم، الإنسان المقدس عند اليونان؛ أبولونيوس من تيانا Apollonius من Tyana، عاش في القرن الميلادي الأول، أي أنه كان معاصرًا للمسيح، هو وغيره من الذين أطلق عليهم أبناء الله الذين أظهرت تعاليمهم المثالية وأعمالهم الخارقة حقيقتهم الإلهية.(١) ورغم أنهما لم يلتقيا أبدًا، إلا أن بين القصتين ما ترى

(١) See: Bernard M.D., R. W, (2009) Apollonius of Tyana The Nazarene, Independent Publishing, and H. P. Blavatsky.

من التطابق.(١)

الوثنيين الذين سمعوا قصص وفلسفة بولس عن المسيح ومعجزاته لن يجدوا صعوبة في فهم ما تعنيه هذه القصص التي تشير إلى أن المسيح هو إله من هذه الطبقة، رجل إلهي نزل إلى الأرض.

في الواقع ليس هذا هو التطابق الوحيد بين المسيحية والعقائد الوثنية السابقة على المسيحية، بل؛ على سبيل المثال هناك تطابق بين العقيدة المسيحية والوثنية المصرية أو الثالوث المصري، وبينها وبين العقيدة الهندية في إلههم كرشنا المصلوب. المفاجأة أنه يوجد في تاريخ العالم قبل المسيح، ستة عشر إلهًا صلب من أجل خطايا البشر.(٢)

(١) See: Ehrman, Bart D. A brief introduction to the New Testament, pp. 16-17

(٢) لمصدر عربي شامل ومختصر: انظر: محمد أبو زهرة مقارنة الديانات، دار الفكر العربي، القاهرة، وللمصادر الغربية، انظر:

kersey Graves, (2017) The World's Sixteen Crucified Saviours Christianity Before Christ. CreateSpace Independent Publishing Platform. John G. Jackson, (1985) Christianity Before Christ, Amer Atheist Pr.

متى ولد المسيح

أريد أن أعطي مثالًا أوضح لفكرتي؛ أثر الوثنية اليونانية في المسيحية. لقرون عديدة، وحتى اليوم، يحتفل المسيحيون بميلاد يسوع المسيح في الخامس والعشرين من ديسمبر. نحن نؤمن تمامًا أنه من غير المرجح أن يكون يسوع قد ولد في هذا التاريخ للأسباب الآتية:

وفقًا للقرآن الكريم لم يكن مولد المسيح في الشتاء القارص: قال الله تعالى: ﴿وَهُزِّىٓ إِلَيْكِ بِجِذْعِ ٱلنَّخْلَةِ تُسَـٰقِطْ عَلَيْكِ رُطَبًا جَنِيًّا ﴿٢٥﴾ فَكُلِى وَٱشْرَبِى وَقَرِّى عَيْنًا﴾ [مريم:٢٥، ٢٦] وكما يقول المثل العربي الشهير «الرطب في أيار» فموعد تحول ثمار النخيل إلى رطب له موعد يعرفه العامة والخاصة؛ وهو شهور الصيف عندما يشتد الحر. لقد كانت النخلة مثمرة، وقد أمر الله مريم بهزها ليتساقط لها الرطب الذي كان موجودًا. فنفهم من سياق القرآن أن مولد السيد المسيح كان في الصيف حين يصبح البلح رطبًا. ومع ذلك قال بعض المفسرين باحتمال أن يكون الله تعالى أنبت لها ذلك الرطب على سبيل خرق العادة، وأجرى لها ذلك النهر على سبيل خرق العادة، ولم يكن الرطَب، والنهر، موجودين قبل ذلك، أي أن الله أنبت فيه الثمر، وجعله رطبًا جَنيًّا.

لكن وفقًا للمصادر المسيحية القانونية وُلد المسيح في فصل الشتاء في ٢٥ ديسمبر، كما يقول النصارى الغربيون، أو في يناير، كما يقول النصارى

الشرقيون. حسب ما رود في إنجيل كما أشرت في مناسبة سابقة؛ «لوقا» (إصحاح ٢، ٨: ٨-١١)، في قصة ميلاد المسيح عَلَيْهِ ٱلسَّلَامُ: حيث «كان في تلك الكورة رعاة متعبدين، يحرسون حراسات الليل على رعيتهم، وإذا ملاك الرب وقف بهم ومجد الرب حولهم، فخافوا خوفًا عظيمًا، فقال لهم الملاك: «لا تخافوا، فها أنا أبشركم بفرح عظيم، يكون لجميع الشعب، إنه ولد لكم اليوم في مدينة داود مخلِّص هو المسيح».

ومعنى ذلك: أن ميلاد المسيح في وقت كان الرعي فيه ممكنًا في الحقول القريبة من «بيت لحم» المدينة التي ولد فيها المسيح عَلَيْهِ ٱلسَّلَامُ، وهذا الوقت يستحيل أن يكون في الشتاء؛ لأنه فصل تنخفض فيه درجة الحرارة - وخصوصًا بالليل - بل وتغطي الثلوج تلال أرض «فلسطين»، مما يجعْل ميلاد المسيح في فصل الشتاء لا أساس له. هذا دليل على أن المسيح لم يولد في الخامس والعشرين من ديسمبر، حيث إن القطعان لن تخرج إلى المراعي في ديسمبر.

كما نفهم أيضًا من نص لوقا ٢: ١- ٣ حيث يحكي لنا عن إحصاء رسمي للسكان كان يُجرى بشكل دوري؛ والذي كان سببًا في سفر يوسف ومريم. لم يكن أبدًا هذا التعداد ليقام في قلب الشتاء إذ أن أحوال الطقس كانت ستجعل انتقال الناس إلى موطن أهاليهم في غاية الصعوبة.

وفي الحقيقة، فحتى في عصر سرعة وسائل المواصلات الذي نعيشه الآن، عادة ما تتم تعدادات السكان في أوقاتًا ملائمة بحيث لا تكون الأحوال المناخية عائقًا. إذًا، فمولد المسيح الذي اعتقد انه في الخامس والعشرون من

يناير ووجود تعداد سكاني في نفس التوقيت ليسا شيئين من الممكن أن يكونا قد حدثا معًا.

من الحقائق السابقة، يتضح أنه من غير المحتمل على الإطلاق أن يكون يسوع قد ولد في الخامس والعشرين من ديسمبر. لماذا إذًا يتم الاحتفال بمولده في هذا اليوم؟ والسبب هو ليس إلا عادات وثنية أتى بها الوثنيون الذين آمنوا بالمسيحية.

إن الاحتفال بميلاد المسيح في هذا اليوم هو أثر للوثنية اليونانية لأن «الثقافة الوثنية الكبرى والتي شجعت احتفال الخامس والعشرين من ديسمبر في العالمين اليوناني والروماني كانت هي الميثرائية - عبادة الشمس الوثنية؛ وهذا الاحتفال الشتوي سمي «الميلاد» «ميلاد الشمس»[(١)].

حتى المصادر المحافظة «كالموسوعة الكاثوليكية» تعترف بأن هذا التقليد الوثني هو أساس الاحتفال بميلاد يسوع المسيح في الخامس والعشرين من ديسمبر: «العيد الشمسي المشهور المسمى بميلاد الشمس الحصينة يتم الاحتفال به في الخامس والعشرين من ديسمبر، له السبب الأقوى في أخذنا بهذا التاريخ».

مما سبق، يتضح أن الخامس والعشرين من ديسمبر ليس هو يوم ولادة يسوع وإنما هو اليوم الذي كان يحتفل فيه الوثنيون بميلاد الشمس. فعندما

---

(١) انظر:

J. Frazer: "The Golden Bough", New York, Macmillan Co., 1935 p.. 471

تحول هؤلاء الوثنيون إلى المسيحية، أحضروا معهم ممارساتهم الوثنية. وبدلًا من أن تتخذ الكنيسة وقفة واضحة وتقوم بمحاربة تلك الممارسات، فضلت أن تساعدهم في مسيحتيهم. هكذا تحول «فميلاد إله الشمس» تحول إلى «ميلاد ابن الله».

هكذا أخذت المسيحية البولسية كل شيء من اليونان، من اللغة والعقيدة والشريعة والطقوس حتى الأعياد ومنها ميلاد ابن الله البكر.

الفصل الثالث

العقيدة والشريعة

دراسة مقارنة

التوحيد والتثليث

تمضي النسخة المسيحية الأصلية على نفس الطريق وفي نفس الاتجاه.
لم يخالف المسيح التوحيد، بل إن كلماته في العهد الجديد تصرح بنفس الحقيقة التي حسمتها الكتب السابقة؛ واللاحقة، مصدقًا بعضها لبعض؛ هكذا يصرح المسيح عيسى بن مريم نفسه: «لَا تَظُنُّوا أَنِّي جِئْتُ لأَنْقُضَ النَّامُوسَ أَوِ الأَنْبِيَاءَ. مَا جِئْتُ لأَنْقُضَ، بَلْ لأُكَمِّلَ. ١٨ فَإِنِّي الْحَقَّ أَقُولُ لَكُمْ: إِلَى أَنْ تَزُولَ السَّمَاءُ وَالأَرْضُ لَا يَزُولُ حَرْفٌ وَاحِدٌ أَوْ نُقْطَةٌ وَاحِدَةٌ مِنَ النَّامُوسِ حَتَّى يَكُونَ الْكُلُّ. ١٩ فَمَنْ نَقَضَ إِحْدَى هذِهِ الْوَصَايَا الصُّغْرَى وَعَلَّمَ النَّاسَ، يُدْعَى أَصْغَرَ فِي مَلَكُوتِ السَّمَاوَاتِ. وَأَمَّا مَنْ عَمِلَ وَعَلَّمَ، فَهذَا يُدْعَى عَظِيمًا فِي مَلَكُوتِ السَّمَاوَاتِ. ٢٠ فَإِنِّي أَقُولُ لَكُمْ: إِنَّكُمْ إِنْ لَمْ يَزِدْ بِرُّكُمْ عَلَى الْكَتَبَةِ وَالْفَرِّيسِيِّينَ لَنْ تَدْخُلُوا مَلَكُوتَ السَّماوَاتِ.» (إنجيل متى: ٥ : ١). وإذا كان لا يمكن أن يتبدل نقطة واحدة من الشريعة فهل تبدل أهم فقرة فيها؟

هكذا ردد المسيح نفس نصوص التوحيد في التوراة، لا سيما صلاة شيما؛ واعتبرها أعظم الوصايا.

كما جاء في الإصحاح الثاني عشر من إنجيل مرقص ٢٨: (فجاء واحد من الكتبة وسمعهم يتحاورون، فلما رأى أنه أجابهم حسنًا سأله: أية وصية هي أول الكل) ٢٩: (فأجابه يسوع أن أول كل الوصايا اسمع يا إسرائيل

الرب إلهنا رب واحد). وهو في هذا يصدق نصوص العهد القديم.

وفي العدد الثالث من الإصحاح السابع عشر من إنجيل يوحنا يقول عيسى عَلَيْهِ ٱلسَّلَامُ مخاطبا ربه وإلهه: (وهذه هي الحياة الأبدية أن يعرفوك أنت الإله الحقيقي وحدك ويسوع المسيح الذي أرسلته) فبين المسيح عيسى عَلَيْهِ ٱلسَّلَامُ أن الحياة الأبدية هي أن يعرف الناس أن اللّه واحد وأن عيسى عَلَيْهِ ٱلسَّلَامُ رسوله. وليست الحياة الأبدية أن يعرفوا أن الله ثلاثة: الآب والابن والروح القدس. ولو كان اعتقاد التثليث هو الحياة الأبدية والخلاص لبينه المسيح، وإذ ثبت أن الحياة الأبدية اعتقاد التوحيد الحقيقي للّه واعتقاد الرسالة للمسيح فضدهما يكون موتًا أبديًا وضلالًا أبديًا.

ولما جرب الشيطان المسيح - عَلَيْهِ ٱلسَّلَامُ - وقال له: «أعطيك هذه جميعها إن خررت وسجدت لي، حينئذ قال له يسوع: اذهب يا شيطان. لأنه مكتوب: للرب إلهك تسجد، وإياه وحده تعبد» (متى ٤/ ١٠، ومثله في (لوقا ٤/ ٨).

هذه كلها نصوص تؤكد على شيئين أساسين في المسيحية الأصلية؛ الأول تفرد الخالق بالألوهية والربوبية، و؛ بما انها تذكر ذلك على لسان المسيح، تؤكد تمسك المسيح بهذه العقيدة.

التوحيد كان أيضًا عقيدة تلاميذ المسيح وتلاميذهم، كما نقل عنهم ذلك العهد الجديد على لسان التلاميذ مرارًا. ومنه ما جاء على لسان التلميذ يعقوب (٢/ ١٩): «أنت تؤمن أن الله واحد. حسنًا تفعل». وأما القول بألوهية غير الله فليس من الحُسن في شيء.

ويقول يعقوب أيضًا (٤/ ١٢): «واحد هو واضع الناموس القادر أن يخلص ويهلك».

ويقول تلميذ آخر هو يهوذا (يهوذا ٢٥): «الإله الحكيم الوحيد مخلصنا».

وفي الرسالة إلى تيموثاوس: «يوجد إله واحد ووسيط بين الله والناس: الإنسان يسوع المسيح» (تيموثاوس الأولى (٢/ ٥). أي إله واحد، له رسول واحد يبلغ الله من خلاله وحيه وهديه، هذا الرسول هو الإنسان المسيح.

ويقول أيضًا هناك؛ واصفًا الله بالوحدانية وغيرها من صفات الجلال والكمال: «المبارك العزيز الوحيد ملك الملوك ورب الأرباب، الذي وحده له عدم الموت، ساكنًا في نور، لا يدني منه، الذي لم يره أحد من الناس، ولا يُقدر أن يراه، الذي له الكرامة والقدرة الأبدية» (تيموثاوس الأولى ٦/ ١٥-١٦) وفي الرسالة لغلاطية: يقول: «لكن الله واحد» (غلاطية ٣/ ٢٠).

إن نصوص التوحيد في المسيحية الأصلية؛ تبين أنها كانت امتداد لدين إبراهيم، والتي تؤيد وتؤكد الحقيقة الأزلية والخالدة لوحدانية الله تعالى، العقيدة التي بدلت وأهملت كلها في النسخة الجديدة للمسيحية؛ وحل محلها؛ متأخرًا جدًا، نوصوص أدخلت لاحقًا في الكتب المسيحية؛ لأسباب عقائدية، وأصبح العهد الجديد البولسي يحتوي على عبارات؛ على لسان المسيح، تناقض التوحيد؛ وتشير إلى وجود ثلاثة آلهة، هذه العبارات في كتاب ينسب إلى الله تعالى ورسوله عيسى بن مريم، وتناقض جميع نصوص الأنبياء بمن فيهم عيسى نفسه. لكي أبرهن على فرضية هذا البحث؛ اصالة

المسيحية الأصلية وزيف النسخة المتأخرة من المسيحية، يجب عليّ أن أبرهم على اصالة التوحيد في هذه الرسالة وزيف النصوص الشركية وتأخرها؛ وبالتالي زيف العقيدة التي رسختها.

نصوص الشرك في المسيحية اليونانية

أهم تعديل أدخل لاحقًا على هذه المسيحية الأصلية هو اعتقاد وجود ثلاثة آلهة بدلًا من إله واحد في المسيحية الأصلية، وما قبلها. يتمثل الشرك في نصين، أو نصوص، وضعت متأخرة داخل نص العهد الجديد، لكي ترسخ الاعتقاد المسيحي الجديد، وهي نصوص دست لاحقا لتأييد عقيدة جديدة مخالفة لجميع الأنبياء.

هل ناقض المسيح نفسه وخالف الناموس الذي تعهد ألا يخالفه في أي نقطة؟ بل خالف كل العهود والمواثيق التي أخذها الله تعالى على عباده- وانفرد بشيء لم يأتوا به؟ في الواقع كل ذلك لم يكن، بل هذه النصوص وضعت متأخرة عن المسيح وافتراء عليه. على سبيل المثال أول مخطوطة تحتوي على الشاهد الشركي المزور الذي يتحدث عن شهودِ السماء الثلاثة، أو «فاصلة يوحنا» الوثيقة الوحيدة، التي أُدخلَ هذا الشاهد المزوّر على أساسها إلى النَصِّ المطبوع للرسالة الأولى ليوحنا، هي مخطوطة متأخرة كتبت في القرن السادس عشر، نُسِخَت مِنْ مخطوطة القرن العاشرِ في كليَّةِ لينكولن. بأكسفورد، وهذه المخطوطة الأصل لا تحتوي على هذا الشاهد هذا يعني؛ ضمن أشياء أخرى، أن هذا الشاهد، وبالتالي العقيدة التي يقترحها، أجنبية عن المسيحية الأصلية، وهو في الحقيقة متعلق بالنسخة الثانية والمزورة من المسيحية...!

النسخة اليونانية من المسيحية كما يؤمن بها المسيحيون اليوم تستشهد بكلمات فاصلة يوحنا؛ بشكل حرفي؛ باعتبار أنها مِن كلام المسيح. وكذلك فعلت كنيسة ما بَعْدَ الإصلاح الديني، حتى جاء عصر التنويرِ، الذي أوجد منهج النقدِ التاريخي وفي ضوئه أعيد النظر في الكتاب المقدس. ويقول الآباء الأرثوذوكس، «إن كان الكلمة والروح القدس موجودين منذ الأزل، فإن الله كان متسعا منذ الأزل، ولم يكن «واحد» أولا.»[١] وبناءً عليه يقول: «فإن المخلص لم يأمر فقط بالعماد، بل قال أولا «تلمذوا» ثم بعد ذلك قال «عمدوا باسم الأب والابن والروح القدس» لكي يأتي الإيمان المستقيم من التعليم، ومع الإيمان يأتي إتمام المعمودية.»[٢]

☐ وصية متى المزيفة (متى ٢٨ : ١٩):

أحد النصوص الهامة التي تعرضت للتحريف بسبب الخلاف مع المسيحيين اليهود، هو نص متى ٢٨: ١٩: «١٩فَاذْهَبُوا وَتَلْمِذُوا جَمِيعَ الأُمَمِ، وَعَمِّدُوهُمْ بِاسْمِ الآبِ وَالابْنِ وَالرُّوحِ الْقُدُسِ؛ ٢٠وَعَلِّمُوهُمْ أَنْ يَعْمَلُوا بِكُلِّ مَا أَوْصَيْتُكُمْ بِهِ. وَهَا أَنَا مَعَكُمْ كُلَّ الأَيَّامِ إِلَى انْتِهَاءِ الزَّمَانِ!».

الحقيقة إن هذه الوصية المزيفة قد أدرجت بشكل عشوائي مثل الفقرات الأخيرة في إنجيل مرقص، بسبب النزاع مع آريوس، على التفصيل التالي:

---

(١) اثناسيوس: الرد على آريوس، ١: ١٨.

(٢) نفسه.

❑ النقد الوثائقي: وصية متى في المخطوطات:

وصية متى موجودة في المخطوطات بدءا من القرن الخامس، لكن رغم ذلك هناك صعوبات عظيمة وعقبات كداء في سبيل قبولها. في أقدم المخطوطاتِ التي كان من المفترض أنها تحفظ أقدمَ نص للعهد الجديد، أعني المخطوطة السينائية Sinaiticus السريانية والمخطوطة الفاتيكانية اللاتينية، الصفحات التي فيها نهايةَ متى غير موجودة. ولَيْسَ لَدينا مخطوطة أقدم مِنْ سَنَةِ ٤٠٠. وقبل فترة طويلة من هذا التاريخ كان الخلاف حول إدراجِ روحِ القدس بدرجة متساوية في الثالوثِ المقدس محل نزاع، ونصّ الوصية الذي يعد شيئا ثمينًا جدًا لحزبِ المثلثين الذين انتصروا في النزاع؛ لا يَمكن إلا أَنْ يَجدَ طريقه إلى كُلّ مخطوطة، بغض النظر عن أصالتهِ.(١)

لذلك فإن وجود وصية متى في كُلّ المخطوطات، سواء في المخطوطات اليونانية أو اللاتينية، ليس غريبًا.

❑ وصية متى عند «أعداء الروح القدس»

لقد قامت صراعات عقائدية في القرون الأولى في تاريخ المسيحية؛ وكان أحد أهم الأسلحة في هذه المعارك العقائدية هو «النص» فمن كان يملك نصًا كان له الغلبة في النزاع؛ وبناء على ذلك قامت صراعات حول النصوص؛

---

(١) انظر:
FRED. C. CONYBEARE, A DOCTRINAL MODIFICATION OF A TEXT OF THE GOSPEL, OXFORD, THE HIBBERT JOURNAL, Vol. I. No. 1 OCTOBER 1902, PAGES 102-108.

ومن لم يجد نصًا صريحا يستعمله في النزاع كان يبحث عن نص يتأوله لصالحه، فيقوم النص المؤول محل النص المأمول في تأييد عقيدة معينة. ومن النزاعات التي قامت في هذا الوقت هي نزاعات حول عدد الآلهة، هل هناك إله واحد أو اثنين أو ثلاثة أو أكثر؟ وفيما يتعلق بنص الوصية موضع البحث فقد كان هناك نزاع حول حقيقة الروح القدس، وإذا ما كان يجب أن يضاف إلى قائمة الآلهة بدرجة متساوية مع الآب والابن، أو لا يجب ذلك. وفي النِصْف الأخير من القرن الرابعِ كان نَصِّ الوصية المزيفة أحد الأسلحة التي استعملت في هذه المعركة بين المثلِّثين وأتباعِ مقدونيوس Macedonius، الذين سموا pneumao machi «أعداء الروحِ القدس» نظرًا لأنهم رَفضوا تَضْمين الروح القدس –زيادة على ما قرره مجمع نيقية– في الثالوث باعتباره من نفس جوهر الآب والابن وباعتباره قديمًا وأزليا مَعهما، وأنكر «أعداء الروح القدس».

نفى هؤلاء وجود أيّ نَصّ من العهد الجديد يؤيد مثل هذا الاعتقاد؛ فيضع الروح مَع الأبِّ والابن في نسق ودرجة واحدة هي درجة أو مرتبة «الألوهية».(١) من هنا نَستنتجُ بأنّ النصوصَ التي كانت في أيدي «أعداء الروح القدس» هؤلاء لم يكن فيها هذا النص؛ الدليل على وجود ثلاثة آلهة، فتكون نصوصهم خالية من وصية متى، وبذلك تكون نصوص هؤلاء وافقتْ تلك النصوص التي نجدها عند من يعرفوا بآباء الكنيسة مثلا المؤرخ الكنسي

---

(١) E. W. Bullinger (1979) Word Studies on the Holy Spirit, Kregel Academic & Professional (June 30, 1979). pp. 47- 48.

يوسابيوس Eusebius. وآباء الكنيسة الآخرين، وهو ما أعرضه تفصيلا فيما يأتي:

❑ «وصية متى» في كتابات آباء الكنيسة:

ماذا تقول كتابات «آباءِ الكنيسةِ الأوائِلِ» الذين اطلعوا على المخطوطاتِ الأقدمِ من كل المخطوطات التي بين أيدينا اليوم. كيف كان النص في مخطوطاتهم؟ وكيف اقتبسوا «وصية متى»؟ لقد وجدت ثلاث صيغ لنص «وصية متى» عند آباء الكنيسة على النحو التالي:

❑ صيغة وصية متى عند يوسابيوس القيصري:

ينطوي اقتباس يوسابيوس للنص على أهمية بالغة؛ نظرًا لأنه عاشَ في أعظمِ مكتبةٍ مسيحيةٍ في ذلك الوقت، تلك المكتبة التي جمعها أورجن السكندري [(185 - 254)] Origen وبامفيلوس Pamphilus القيصري [النصف الأخير من القرن الثالث]. وليس مبالغةً أن نقَول أنه مِنْ هذه المجموعةِ من المخطوطاتِ في القيصرية Caesarea يشتقُّ الجزءَ الأكبرَ الباقي من مؤلفات ما قبل مجمع نيقية Nicene. إذن لابد أن يوسابيوس Eusebius استعمل هذه المخطوطات الأقدم بحوالي مائتي سنة مِنْ أسبقِ مخطوطة يونانية توجد الآن في مكتباتنا. كما أن يوسابيوس كان مشهورًا أيضًا بتفسيرِ كلمات أورجن Origen، وكليمنت السكندري، وبانتنيوس Pantaenus، والعديد مِن المفسرين القدماء للكتاب المقدس الذين لم تصل إلينا أعمالهم إلا في ترجمات لاتينيةٍ مجهولةٍ؛ لكل هذا فإن اقتباسات يوسابيوس لها أهمية بالغة في موضوعنا. عند يوسابيوس يوجد صيغتان لنص

وصية متى: صيغة ما قبل مجمع نيقية وصيغة ما بعد مجمع نيقية! لقد استشهد يوسابيوس بالفقرة مرارًا وتكرارًا في أعمالِه التي كَتَبَها بين سنتي ٣٠٠ و٣٣٦م، قبل مجمع نيقية؛ بعد بحث معقول في أعمالِ يوسابيوس Eusebius هذه وُجدت ثمانية عشرَ اقتباسًا لوصية متى وكلها كانت في الصيغ التالية: «١٩فَاذْهَبُوا إِذَنْ، وَتَلْمِذُوا جَمِيعَ الأُمَمِ، وَعَمِّدُوهُمْ بِاسْمِي ٢٠وَعَلِّمُوهُمْ أَنْ يَعْمَلُوا بِكُلِّ مَا أَوْصَيْتُكُمْ بِهِ.» في تعليقاتِه الطويلةِ على المزاميرِ، وعلى سفر أشعيا[(١)]، وفي كتابه «برهان الإنجيل» أو «Demonstratio Evangelica،»[(٢)] وكتاب التجلي[(٣)] وفي تأريخِه المشهورِ للكنيسةِ[(٤)]، وفي مدحِه للإمبراطور قسطنطين. وكذلك في كتاب «مدح قسطنطين» يقول النص: «باسمي»[(٥)] ولم يكتف يوسابيوس Eusebius بمجرّد الاسْتِشْهاد بالفقرة في هذه الصيغة، لَكنَّه أكثر مِنْ مرة يعلق عليها بطريقة ما ليبين ما تعنيه هذه الكلمة «باسمِي.» حسب ما يفهم هو

---

(١) ، Joel C. Elowsky (2013), Eusebius of Caesarea, Commentary .on Isaiah) IVP Academic; First edition, p. 91

(٢) See: Eusebius of Caesarea: (2010) Demonstratio Evangelica .(The Proof of the Gospel)pp. 18 , 212

(٣) See: Eusebius (Author) and Samuel Lee editor),) 2010) On the) Theophania, or divine manifestation of Our Lord and Saviour .(Jesus Christ: a Syriac version (Syriac Edition

(٤) انظر: تاريخ الكنيسة الكتاب الثالث الفصل الخامس الفقرة ٢.

(٥) The Oration of Eusebius Pamphilus, In Praise of the Emperor .Constantine, chapter 16 verse 8

وحزبه.(١) إنَّ هذا النَصَّ المقتبس عند يوسابيوس Eusebius في المخطوطاتِ القديمةِ جدًا التي جَمعها أسلافه قبل خمسين إلى مائة وخمسين سنة من ولادتِه. وقبل ذلك لم يعرف يوسابيوس أي صيغة أخرى للنص، حتى زارَ القسطنطينية Constantinople وحَضرَ مجمع نيقية. بعد ذلك في عملين جدليين كَتبَهما في شيخوختِه المتأخرة، أحدهما، «ضدّ مارسيلوس» استعملَ صيغة الوصية الشائعة(٢)، وما حدث في مجمع نيقية أصبح معروفًا الآن. «يوسابيوس» Eusebius، المؤرخ الكنسي، ماتَ سنة ٣٤٠ بعد الميلاد، فعمله يرجع إلى القرن الثالثِ. علاوة على ذلك، لقد عاشَ في أحد أكبرِ المكتبات العامةِ المسيحيةِ ذلك اليومِ. إذا كانت المخطوطات اليونانية آنذاك تحتوي على هذه الكلماتِ [«عمّدُوهم باسم الأبِّ، والابنِ، وروحِ القدس»]، فيَبْدو أنه من المستحيل أن يَقتبسَ يوسابيوس هذا الفقرة ثمان عشْرة مرةَ بدون أن يضمنها تلك الكلمات.» لكن ردة يوسابيوس Eusebius إلى النَصِّ الأطولِ بعد مجمع نيقية يُشيرُ بأنّه في ذَلِكَ الوَقت بدأ النص يُقدّمَ كشعار مسيحي يدرج في كُلّ المخطوطات.

---

(١) هكذا فعل في كتابه «برهان الإنجيل»
See: Eusebius of Caesarea: (2010) Demonstratio Evangelica (The Proof of the Gospel)pp. 18 , 212.

(٢) See: Kelley McCarthy, (2017) Eusebius, Against Marcellus and On Ecclesiastical Theology (Fathers of the Church Patristic Series), p. 77.

أيضًا صيغة الوصية عند أورجنOrigen : في كتاباتِ أورجن Origen السكندري ليس هناك حالة واضحة لنص وصية متى في صيغتها المشهورة. في كتابات أورجن Origen، الجزء الأول من الفقرة يوجد ثلاث مرات، لكن الاقتباس يَتوقّفُ دائمًا عند الكلماتِ τά έ θνη«الأمم»؛ والكلمة التالية «باسمِي» مشطوبة، وهو ما يوحي في نفسه بأنّه مضطرب في الاقتباس.(١)

❑ نص الوصية عند كليمنت السكندري:

في كتابات كليمنت السكندري: النَصّ المشابه بعض الشّيء لصيغة وصية متى اقتبس مرّة واحدة؛ لكنه نقله عنْ زنديق اسمه تيطس Teodotus، وليس باعتباره النَصّ القانونِي.

❑ نص الوصية عند جوستن الشهيد:

كان جوستن يكَتب فيما بين سنتي ١٣٠ و١٤٠بعد الميلاد، ويوجد في كتاباته الشاهد الذي اعتبرَه عدد من العلماء اقتباسا أَو صدى لوصية متى ورأى النقاد في هذا الاقتباس تلخيصا للنَصِّ العادِي. إنّ الشاهد في حوارِ جوستن مَع أحد معارضيه هكذا(٢): «إن الله لم يأت بعد بالدينونة، كما

---

(١) See: Frederick C. Conybear, (1902) Three Early Doctrinal Modifications of the Text of the Gospels, Oxford Hibbert Journal 1:101 Vol. I. No. 1 OCTOBER 1902, Pp. 102-108. And Daniel L. Butler (2009) "Go into All the World" A Study of the Great Commission, pp. 53-57.

(٢) الترجمة لكاتب البحث، وانظر:
See: Frederick C. Conybear, Pp. 105. And Daniel L. Butler (2009) "Go into All the World" A Study of the Great Commission, pp. 53-57.

يعرف بعضِ الذين ما زالَوا حتى اليوم يعلمون باسم مسيح الله، ويَنغمسون في طريق الخطأِ، الذين يأخذون العطايا كأنهم أحق بها، معلمين باسمِ المسيح.» وجه الشاهد في هذا النص أنه يذم معارضيه لأنّهم أهملوا صيغةَ الثالوث الشركية «عمّدُوهم باسم الأبَّ والابن وروحَ القدس.» لكن كما يبدو من هذا النص أيضًا أن جوستن كان مطلعًا على نفس النَصَّ المختصر «باسمي»؛ بدون الثالوث، في حدود سَنَةَ ١٤٠، وقت كتابته، النص الذي قرأه يوسابيوسEusebius دائما في مخطوطاتِه في سنة ٣٠٠-٣٤٠. قبل مجمع نيقية).(١)

❑ **نص الوصية عند ترتليان** Tertullian:

كما أننا نَجِد نص الوصية الشركي مرّتين عند ترتليان Tertullian:

أ- في صيغة مختلفة قليلًا، في كتابه «عهود المعموديةِ»، بلغته اللاتينية: «وترجمته العربية: (انتشروا إذن وعلموا الأمم وعمدوهم باسم الأب والابن والروح القدس)».(٢)

ب- وفي كتابه «أصول البدع» أو: De Praescriptione haereticorum, ,يقتبسه بصيغة قريبة هكذا :««أيها الأحد عشر عمدوا بالآب والابن والروح القدس».

---

(١) Daniel L. Butler (2009) "Go Into All the World" A Study of the Great Commission, pp.

(٢) See: Ernest Evans, 2016 Tertullian's Homily on Baptism, p. 40.

لكنه هنا حذف: in nomen «باسم».(١)

□ **صيغة الوصية عند أفارتس** Aphraates:(٢)

هناك شاهد آخر هام يجب أن نذكره. هو نص أفارتس Aphraates الأبّ السرياني من أصل فارسي، والذي كان يكَتبَ بين سنتي ٣٣٧ و٣٤٥. إنه يَستشهدُ بالنص بالصيغة التّالية: «علموا كُلّ الأمم، ليؤمنوا بي.» العبارة الأخيرة «ليؤمنوا بي» هي شرح وتفسير لنص يوسابيوس Eusebius «باسمِي.» لكنها أيضًا تعارض النص الشائع textus receptus باسمِ

---

(١) See: See: Frederick C. Conybear, (1902) Three Early Doctrinal Modifications of the Text of the Gospels, Oxford Hibbert Journal 1:101 Vol. I. No. 1 OCTOBER 1902, Pp. 102-108. And Daniel L. Butler (2009) "Go into All the World" A Study of the Great Commission, pp. 53-57.

Quinti Septimii Florentis " And Loose Leaf (2012) Tertullian Tertulliani de Praescriptione haereticorum, University Reprints.

(٢) Aphraates هو الترجمة اليونانية للاسمِ الفارسيِ Aphrahat أو Pharaoh)، وهو كاتب سرياني يَعُودُ إلى منتصفِ القرن الرابعِ A. D.، ألف كتابا فيه ثلاثة وعشرون موعظة في موضوعات مسيحية مختلفة، باللغة السريانية وترجمت إلى الإنجليزية، انظر:

Aphrahat demonstrations (Catholic theological studies in India) by Aphraates, The homilies of Aphraates, The Persian sage by Aphraates.

ومما كتب عنه:

Connolly, R. H. "Aphraates and Monasticism" in Journal of Theological Studies 6 (Oxford and London, July 1905): pp. 522-539., The creed of Aphraates by H. Leonard Pass.

الثالوث. لو كَانتْ رواية أفارتس Aphraates وحيدة، فربما ننظر إليها باعتبارها اقتباسًا غير دقيق لوصية متى، لكن في وجود نص يوسابيوس ونَصّ جوستين الشهيد؛، وحجج «أعداء الروح القدس» فإن هذا الفرض غير ممكن.

لدينا الآن الصيغ التالية للوصية:

١- «باسمي»: عند جوستن ويوسابيوس و«أعداء الروح القدس» Pneumato-machi

٢- «ليؤمنوا بي،» عند Aphraates، ممثل أقدم ترجمة سريانية.

٣- «عمّدُوهم باسم الأبِّ، والابن وروح القدس،» أَو الصيغة المشابهة له عند تيطس Teodotus المعرفي اليوناني؛ كما نقله عنه كلمنت السكندري، وترتليان Tertullian، والمخطوطات اليونانية الباقية اليوم.

نَستنتجُ أنّ النَصَّ لَمْ يكن قد استقر «تمامًا» عندما كان ترتليان Tertullian يَكْتبُ في القرن الثالثِ، أيضا قبل مجمع نيقية، بعد ذلك استقر النص «تمامًا».

❑ النقد الموضوعي:

نظرًا لوجود صيغ النص الثلاثة فإن حسم أصالة نص الوصية بناءً على النقد الموضوعي. والسؤال هنا: هل يتوافق النص الشركي مع النصوص الأخرى.

في هذه الوصية قضيتان تخضعان للنقد الموضوعي؛ هما: دعوة كُلّ الأمم أي عالمية الدعوة، وصيغة الثالوث الشركية المناقضة للتوحيد. بينما

سنناقش عالمية الدعوة في مكان آخر، قريبًا إن شاء الله، لكن هنا سأخصص المبحث عن صيغة الثالوث.

❑ صيغة الثالوث:

يتضمن هذا النوع من النقد مسألتين: الأولى موافقة نص الوصية لنصوص إنجيل متى ونصوص الأناجيل الأخرى، والثانية عمل الحواريين الاثني عشر بها. منها نصوص الأناجيل الأخرى؛ بالإضافة إلى النصوص التي ذكرتها في مقدمة البحث من العهدين القديم والجديد، والتي تتطابق كلها، متضامنة مع القرآن الكريم، على إثبات وحدانية الله تعالى، والتي لا داعي لتكرارها هنا، هناك نصوص أخرى في العهد الجديد تعارض نص الوصية:

على سبيل المثال: لدينا فقرة هامة بالنسبة لموضوعنا في لوقا ٢٤/ ٢٧: هي قوله «وأن يكرز باسمه بالتوبة ومغفرة الخطايا لجميع الأمم بداية من أورشليم» إنها تتفق مباشرة مَع نص متى ٢٨:١٩ في (نشر الإنجيلَ بين كُلّ الأمم) إلا أن (التوبة ومغفرة الذنوبِ باسم المسيح)، فكما نَرى هنا فإن هذا لا يكون باسم «ثلاثة آلهة». وفي إنجيل يوحنا الإصحاح ١٥ : نص آخر؛ ولو في موضوع مختلف؛ لكنه أيضًا ليس باسم الثالوث: وهو قوله: «وأما المعزي الروح القدس الذي سيرسله الآب باسمي فهو يعلمكم كل شيء ويذكركم بكل ما قلته لكم» وتكرر في هذا الإصحاح والذي بعده (١٦) قوله: «باسمي» عدة مرات.

❐ عمل التلاميذ:

العقبة الأخرى في طريق الوصية، عندما يأمر ملك من الملوك وزراءه بالقيام بمهمة ما ثم يتبين أن أحدا منهم -وهم مثلا ثلاثة عشرة وزيرا- لم يمتثل الأمر فإننا نشك في أن الأمر الملكي قد صدر أصلا. وهذه هي العقبة الأخرى في طريق الوصية، فالحواريين أنفسهم -الثلاثة عشرة- لم يمتثلوا هذا الأمر؛ وفي بقيّة العهد الجديدِ ليس هناك إشارة أبدًا إلى أن أي واحد منهم فعل ما أمر به.

إن الحواريين أنفسهم لم يمتثلوا هذا الأمر؛ وفي بقيّة العهد الجديدِ ليس هناك إشارة أبدًا إلى أن أي واحد منهم فعل ما أمر به. فقد كانت المعمودية دائمًا بالاسم المفرد:

١- سفر الأعمال: ٢/ ٣٨: «فقال لهم بطرس توبوا وليعتمد كل واحد منكم باسم يسوع المسيح لغفران الخطايا فتقبلوا عطية الروح القدس».

٢- الأعمال ٨/ ١٦: «لأَنَّهُ لَمْ يَكُنْ قَدْ حَلَّ بَعْدُ عَلَى أَحَدٍ مِنْهُمْ، إِلاَّ أَنَّهُمْ كَانُوا قَدْ تَعَمَّدُوا بِاسْمِ الرَّبِّ يَسُوعَ.»

٣- سفر الأعمال ١٠/ ٤٨: «وَأَمَرَ أَنْ يَتَعَمَّدُوا بِاسْمِ يَسُوعَ الْمَسِيحِ.»

٤- سفر الأعمال ١٩/ ٥: ٥ «فَلَمَّا سَمِعُوا هَذَا تَعَمَّدُوا بِاسْمِ السيد المسيح»

٥- سفر الأعمال ٢٢/ ١٦: «قُمْ تَعَمَّدْ وَاغْتَسِلْ مِنْ خَطَايَاكَ، دَاعِيًا بِاسْمِ الرَّبِّ.»

٦- الرسالة الأولى لمؤمني كُورِنْثُوسَ«١٢أَعْنِي أَنَّ وَاحِدًا مِنْكُمْ يَقُولُ:

«أَنَا مَعَ بُولُسَ» وَآخَرُ: «أَنَا مَعَ أَبُلُّوسَ»، وَآخَرُ: «أَنَا مَعَ بُطْرُسَ»، وَآخَرُ: «أَنَا مَعَ الْمَسِيحِ». ١٣فَهَلْ تَجَزَّأَ الْمَسِيحُ؟ أَمْ أَنَّ بُولُسَ صُلِبَ لأَجْلِكُمْ، أَوْ بِاسْمِ بُولُسَ تَعَمَّدْتُمْ؟ ١٤أَشْكُرُ اللهَ لأَنِّي لَمْ أُعَمِّدْ مِنْكُمْ أَحَدًا غَيْرَ كِرِيسْبُوسَ وَغَايُوسَ، ١٥حَتَّى لَا يَقُولَ أَحَدٌ إِنَّكُمْ بِاسْمِي تَعَمَّدْتُمْ.»

٧- الرسالة الأولى لكورنثوس ٦/ ١١: وَهَكَذَا كَانَ بَعْضُكُمْ، إِلاَّ أَنَّكُمْ قَدِ اغْتَسَلْتُمْ، بَلْ تَقَدَّسْتُمْ، بَلْ تَبَرَّرْتُمْ، بِاسْمِ الرَّبِّ يَسُوعَ الْمَسِيحِ وَبِرُوحِ إِلهِنَا.

من كل ما سبق يتبين أنه لا يوجد ثالوث، بل واحد فقط، الله تعالى ويسوع المسيح الذي أرسله، أما كون المعمودية باسم المسيح، لو كان هذا النص مترجمًا بدقة، فإنها تفسر بنص إفارتيس، أي ليؤمنوا بي. وهناك احتمال آخر هو أن أصل النص كان باسم الله تعالى، وحدث تبادل للأسماء، كما يحدث كثيرا في العهد الجديد، بسبب استعمال المختصرات للأسماء المقدسة، nomina sacra، فتبدلت (ΘΥ)بـ (ΙΥ).(١)

في ضوء هاتين المسألتين يتبين أن المعمودية لم تكن أبدًا باسم ثلاثة «الأبّ، والابنِ، وروحِ القدس» ومن الصعب أن نفترض أنَّ التلاميذ الاثني عشر الذين وجهت لهم هذه الوصية قابلوها بمثل هذا الإهمال التام والعام، هذا إذا كانَت فعلا قَدْ قيلت.

---

(١) كان النساخ يستعملون رموزًا للسماء المقدسة (الله والمسيح والروح القدس) كما يفعل بعضهم في مخطوطاتنا فيختصر (صلى الله عليه وسلم) ويرمز لها بالحرف (ص).

كيف نفسر هذه الاختلافات؟ لا تفسير إلا أن هذه الوصية أصبحت شعارًا للكنيسة بعد الخلاف الآريوسي فكان من المناسب أن توضع في الكتاب المقدس كنص بعد أن كانت شعارًا خارجه، والمكان المناسب لوضع هذا النص -قبل استقرار وانتشار نص العهد الجديد- هو المكان الذي كان دائمًا محل للتغيير والوضع؛ الفقرة الأخيرة من الإنجيل، وبشكل عشوائي دون تنسيق مع الوصية الحقيقية، (متى ١٠: ١- ٢٥).

لقد وضعت وصية متى الشاذة في جميع الطبعات القديمة والحديثة لنص الأناجيل؛ حتى جاء عصر النقد الحديث واكتشاف الحقائق والوثائق التي كانت مفقودة أو «المخفية». أول طبعة وترجمة حديثة تشير إلى الشك في نص الوصية وتقدم النص الأصلي لمتى هي لأحد أكبر الباحثين في الأناجيل واللغة اليونانية: الدكتور إينوك باول Enoch pawell. عندما وصل المؤلف في تعليقاته إلى وصية متى المزيفة؛ الفقرات ٢٨/ ١٧-٢٠ محور اهتمامنا في هذا البحث، قال المؤلف:

«إن الكلمات الشاذة والإشارة الفريدة للثالوث تؤكد الانطباع بأن العمود الأخير من الكتاب؛ مثله مثل نهاية إنجيل مرقص، مفقودة، وتم التعويض عنها عشوائيًا بخطبة الوداع المنسوبة لعيسى.»(١)

(١) الترجمة للكاتب، وانظر الطبعة الإنجليزية:
.Enoch pawell: the evolution of the gospel, p. 221
وقارن أيضًا: ترجمته العربية: ايبش، تطور الإنجيل، ص ٣٩٦.

«فاصلة يوحنا»

Comma Johanneum

❑ تعريف فاصلة يوحنا:

كلمة «فاصلة» comma في اللغة الإنجليزية أخذت من الكلمة اليونانية κό μμα وتعني جزءًا مقطوعًا من شيء، أو جزءًا من جملة.(١)

ويقصد بالفاصلة هنا جزء من فقرة. وهذا هو المسمى التاريخي الذي أطلقه النقاد على هذا الجزء من نص الرسالة الأولى ليوحنا الفقرة ٧ من الإصحاح الخامس؛ ويسميه بعض النقاد «نص شهود السماء الثلاثة» ونصها: «٧ فَإِنَّ هُنَالِكَ ثَلاَثَةَ شُهُودٍ فِي السَّمَاءِ، الآبُ وَالْكَلِمَةُ وَالرُّوحُ الْقُدُسُ، وَهَؤُلاءِ الثَّلاَثَةُ هُمْ وَاحِدٌ. ٨ وَالَّذِينَ يَشْهَدُونَ فِي الأَرْضِ هُمْ ثَلاَثَةٌ: الرُّوحُ، وَالْمَاءُ، وَالدَّمُ. وَهَؤُلَاءِ الثَّلاثَةُ هُمْ وَاحِدٍ».(٢) إنّ فاصلة يوحنا نص آخر كان أثرًا -لازال باقيًا- من آثار خلاف أريوس على نص العهد الجديد.

لقد أزالَت كُلّ الطبعات الحديثة النقدية للكتاب المقدس تقريبًا هذه

---

(١) انظر:

Langenscheidt, Standard Dictionary, English- Greek, Greek – English, Edited by George A. MAGAZIS. P 81, comma.

(٢) انظر:

Bruce M. Metzger: The Text of the New Testament, P.146, not 21.

الفقرة، لأنها لا توجد في المخطوطات ولا في الترجمات اليونانيةِ المتقدمة للرسالة؛ ولَيسَت موجودة في اقتباسات آباء الكنيسة للشاهد وبيان ذلك تفصيلًا فيما يلي:

☐ فاصلة يوحنا في المخطوطات اليونانية:

بين آلافِ المخطوطاتِ والوثائق اليونانيةِ للعهد الجديدِ، اللغة الأم الثانية، توجد هذه الجملة في ثمان منها. في أربعة فقط من هذه الثمانية، توجد الفاصلة في المتن؛ في الأربعة الأخرى، توجد الفاصلة كإضافة هامشية أضيفت بجوار النص الأصلي بخط مغاير في الحاشية. المواضع الثمانية هي التالية، مرتبة طبقًا لإحصاء جريجوري ألاند[١] مشفوعة برقمها واسمها وتاريخها ومكان حفظها، كما هو مبين في الجدول التالي:

---

(١) لمعرفة تفاصيل عن طريقة جورجي ألاند في العدد، انظر:
.Metzger, The text of the New Testament, P 52

اسم المخطوطة	رقم	تاريخها	مكانها	ملاحظات
Ottobonians	629	ق ١٤ - ١٥	الفاتيكان	نص لاتيني بجوار نص يوناني، نقح ليوافق النص اللاتيني. الفاصلة ترجمت ونسخت من النسخة اللاتينية إلى النسخة اليونانية.
Montfortianus	61	سنة ١٥٢٠	دبلن	الأصل الذي نسخت منه يخلو من العبارة الشركية.
	918	ق١٦	الأندلس	
	2318	ق١٨	بوخارست	متأثرة بفولجاتا كلمنت Vulgate.
	221	ق١٠	أكسفورد	إضافة هامشية أضيفت في القرن ١٦ أو ١٥
Regis	88v.r.	ق١١	نابولي	إضافة هامشية أضيفت في القرن ١٦
Wolfenbüttel	429	ق١٤	ألمانيا	إضافة هامشية أضيفت في القرن ١٦.
	636	ق١٦	نابولي	إضافة هامشية أضيفت في القرن ١٦:

يتبين من الجدول:

أن ال مخطوطة٦١. (الثانية في الجدول) هي أول مخطوطة يونانية يحتوي متنها على الشاهد الشركي المزور الذي يتحدث عن شهودِ السماء الثلاثة، أو «فاصلة يوحنا». لقد كَانَت هذه هي الوثيقة الوحيدة، التي أُدخلَ هذا الشاهد المزوّر على أساسها إلى النَصِّ المطبوع للرسالة الأولى ليوحنا.(١) هذه المخطوطةَ حديثة وواضحة جدًا في كافة أنحائها (ماعدا الصفحتين اللتين تَحتويانِ نص الإصحاح ٥ من الرسالة الأولى ليوحنا، التي أفسدها كثرة الفحص)، وتدل حالتها هذه بكل وضوح على أنها صنعت خصيصًا بهدف دس هذه العبارة كما سيأتي تفصيله. هذه المخطوطة، المكتوبة في أول القرن السادس عشر، نُسِخَت مِنْ مخطوطة القرن العاشرِ في كليَّةِ لينكولن. بأكسفورد، وهذه المخطوطة الأصل لا تحتوي على هذا الشاهد.!(٢)

ثانيًا: أن أقدم وجود يعرف للفاصلة هو إضافتها إلى هامش نص مخطوطة القرن العاشرِ (الخامسة في الجدول) الموجودة الآن في مكتبةِ بودليان(٣)Bodleian،بأكسفورد؛ إن التأريخ الدقيق للإضافةِ لَيسَ معروفًا؛ في هذه المخطوطةِ، الفاصلة عبارة عن نص مضاف باعتباره نصًا أو ترجمة

(١) انظر: Metzger,: The Text of The New Testament: p. 88., p146.

(٢) المصدر السابق نفسه.

(٣)هي مكتبة كبيرة شاسعة تملكها جامعة أكسفورد؛ بمدينة أكسفورد، بالمملكة المتحدة، وتضمّ بين كتبها نسخة عن كلّ كتاب تمّ إصداره في هذا العصر.

بديلة في الحاشية بخط مغاير بجوار النَصِّ الأساسي.

تُؤرِّخُ المصادرُ الأخرى في القرن السادس عشر وما بعده، وفي أربعة مواضع كتبت الفاصلة في هوامشِ المخطوطات.

في أحد هذه المخطوطات؛ وهي مخطوطة مترجَمَة إلى اليونانية مِنْ فولجاتا Vulgate اللاتينية، العبارة «وهؤلاء الثلاثة هم واحد» لَيست موجودة.(١)

☐ المسألة الثانية: الفاصلة في الترجمات القديمة:

لا توجد الفاصلة في أي مخطوطات باللغة السريانية، ووجودها في بَعْض كُتب العهد الجديد السريانيةِ المطبوعةِ إنما هو ناشئ عن الترجمة مِنْ فولجاتا Vulgate اللاتينية. كما أنها لا توجد في الترجمات القبطية والأثيوبية أيضًا.(٢)

فاصلة يوحنا في اقتباسات آباء الكنيسة: الفاصلة لا توجد في اقتباسات آباء الكنيسة للفقرة مع توفر الدواعي والأسباب الكافية لاقتِباسهم لها لاسيما في الخلاف حول التثليث مع معارضيه (مَع الأريوسيين على سبيل المثال).

☐ الفاصلة في المخطوطات اللاتينية:

إنّ أقدم اقتباس معروف للفاصلةِ في اللغة اللاتينية هو في كتاب مواعظ

(١) انظر:
Metzger, Bruce: The text of the New Testament:p 146-147
(٢) المصدر السابق نفسه.

لاتيني من القرن الرابعِ. ويفسر النقاد ذلك- أي وجود الفاصلة باللغة اللاتينية (الأم الثالثة) دون اليونانية وهي اللغة الأم الثانية بعد الآرامية (اللغة الأم الأولى) للعهد الجديد- بأن الفاصلة ربما كانت حاشية لتفسيرِ الشهودِ الثلاثة في الأرض (الثلاثة الشهودِ في الأرض: الروح، والماء، والدمّ) ثم وَجد طريقَه بعد ذلك إلى المتن، ورُبَما كُتِبتْ باعتبارها معنى هامشيًا في مخطوطة لاتينية لرسالة يوحنا الأولى، ومن هنا تسربت إلى نَصِّ الكتاب المقدس اللاتيني القديم في القرن الخامسِ، ومنه إلى المخطوطات اليونانية المتأخرة.

الفاصلة لا توجد في نسخ فولجاتا Vulgate اللاتينية(١) قبل سَنَةِ ٨٠٠؛ قبل ذلك لا توجد الفقرة في نسخ فولجاتا Vulgate، بل أضيفت لها بعد ذلك التاريخ ومنها ترجمَت إلى اليونانية. ونظرًا لإدراجِها في طبعةِ كليمنت للفولجاتاْ Vulgate اللاتينية سنة ١٥٩٢، فإنه في سنة ١٨٩٧ أصدرت محكمة التفتيش في روما تصريحًا بأنه ليس مأمونًا إنْكار أن هذه الفقرة تمثل جزءًا أصيلًا مِنْ رسالةِ القدّيس يوحنا.(٢)

---

(١) كتبت نسخة فولجاتا اللاتينية سنة ٣٨٢ عندما طلب البابا دامسيوس Damasus من أكفأ علماء الكتاب المقدس آنذاك، القديس سوفرنيوس يوسبيوس هيرمنيوس الذي عرف بعد ذلك بالقديس جيروم، أن يقوم بمراجعة الكتاب المقدس في اللغة اللاتينية. انظر القصة الكاملة لفولجاتا جيروم اللاتينية عند:
Metzger,: The text of the New Testament: pp. 105-106.

(٢) See: Metzger,: The text of the New Testament, p. 148.

اعتراف المجامع والكنائس والباباوات بتزوير الفاصلة:

عرّفَ مجمع تريتني الكنسي في سنة ١٥٤٦ الكتاب المقدس القانوني للكنيسةِ الكاثوليكية الرومانيةِ، بأنه كُلّ الكُتُب القانونية؛ أي المُلهَمة؛ وهي «جميع وكامل الكُتُبِ، التي كَانتْ تُقْرَأ في الكنيسةِ الكاثوليكيةِ وتضمنتها فولجاتا Vulgatاللاتينيةِ».[١] ومع أن نسخة Vulgate المُرَاجَعة تحتوى على الفاصلة، فإن النسخ الأولى لفولجاتا Vulgate خالية من الفاصلة وبناءً على ذلك فإن مراسيم المجلس لَمْ تعتبر فاصلةَ يوحنا قانونية. في ١٣ يناير/ كانون الثّاني ١٨٩٧، أَصدرت محكمةَ التفتيش -كما أشرت قبل قليل- تهديدًا بأنّه ليس «بالأمانِ» أن يُنكرُ أَو يشك في أصالة الفاصلة. ولقد صدق البابا ليو Leo الثّالث عشر على هذا القرارِ بَعْدَ أيام، مع ذلك موافقته لم تكن في صيغة حاسمة [forma specifica] — أي أن ليو Leo الثّالث عشر لَمْ يستغل سلطتَه البابويةَ الكاملةَ في المسألةِ، تاركًا المرسومَ بالقرار العادي الذي تصدره محكمة التفتيش. بعد ثلاثة عقود، وتحديدًا في يونيو/ حزيرانِ ١٩٢٧، أمر البابا بيوس Pius الحادي عشر بأنّ يفتح النقاش في الفاصلة. وبناءً على ذلك أعلنتْ محكمة التفتيش في (يونيو/ حزيران

---

(١) عقد هذا المجمع لمناقشة البدع اللوثرية، لمعرفة أسباب انعقاد هذا المجمع وجلساته وقراراته، انظر:

John A. Machugh, Canons The Oxford Dictionary of the Christian Church (Oxford University Press 2005, article Trent, Council of Trent, Catechism of the council of Trent, Saint Benedict press classics, and C. Trent, Tan books, (2009) Decrees of the .Council of Trent

١٩٢٧) بأنّ مرسومَها السابق لَمْ يقصد إعاقة العلماءِ الكاثوليك كليًّا من تَحرّي ومناقشة المسألةِ ومِن اعتقاد رأي ضد أصالة الفقرة، بشرط أن يعترفوا بوقوفهم مع قرار الكنيسةِ.(١)

❑ حذف الفاصلة في طبعات العهد الجديد:

رغم أن أكثر الكنائسِ اليوم توافق بأنّ العقيدة المسيحية تحتوي على معنى الفاصلةِ، إلا أنها تقر بأن هذه الفاصلةَ لَيستْ جزءًا أصليًا مِنْ رسالةِ يوحنا الأولى وقد انعكس ذلك في طبعات العهد الجديد على التفصيل التالي.

❁ أولًا: الطبعة الأولى للعهد الجديد باللغة اليونانية:

أول طبعة للعهد الجديد تنشر في اللغة اليونانية كَانَت هي الطبعة التي أعدها العالم الهولندي المشهور إراسموسErasmus الكاهن في كنيسة روتردام (١٤٦٩-١٥٣٦).بَدأت الطِباعَة في أكتوبر/ تشرين الأولِ ١٥١٥، وفي مدَّة قصيرة جدًا (مارس/ آذار ١٥١٦)، فرغ منها تمامًا. استقبالُ طبعة إراسموس Erasmus، أول نشرة يونانية للعهد الجديد اليوناني، كان مختلفًا. فمن ناحية، راجت طبعته في كافة أنحاء أوروبا. وفي خلال ثلاث سَنَواتِ احتيج إلى طبعة ثانية، وبَلغَ العدد الكليّ للنسخِ مِنْ طبعات الـ١٥١٦ والـ١٥١٩ (٣,٣٠٠) نسخة. وأصبحت الطبعةُ الثانيةُ أساسًا لترجمةِ لوثر الألمانية.(٢) ومن ناحية أخرى فقد هاجم كثيرون إراسموسErasmus،

---

(١) See: Metzger,: The text of the New Testament, p 148 not 26.

(٢) نفس المصدر ص ١٤٦.

لأسباب متعددة،[١] منها أنّ النَصّ الذي أصدره افتقرَ إلى جزءٍ من الفصلِ الأخير للرسالة الأولى ليوحنا، وهي فاصلة يوحنا التي تتحدث عن شهود السماء الثلاثة: «الأبّ، والابن، وروح القدس». وقد أجاب إراسموس على منتقديه بأنّه لمَ يَجد أيّ مخطوطة يونانية تحتوي على هذه الكلماتِ، على الرغم من فَحصه عِدّة مخطوطات أخرى في ذلك الوقت؛ إضافةً إلى تلك التي اعتمدَها عندما كان يحقق نَصَّ الطبعة الأولى. لكن تعهد إراسموس بأنَّه سيضيف الفاصلة في الطبعات القادمة إذا وجد مخطوطة يونانية واحدة تحتوي على الفاصلة. المفاجأة: إن هذا المخطوطة وُجِدتْ لاحقًا، أَو بصراحة كتبت لهذا الغرض! هذه المخطوطة اليونانية كُتِبتْ في أكسفورد حوالي سنة ١٥٢٠ كتبها راهب فرانسيسكاني يسَمّى فوري Froy (أَو روي)، اقتبس الفاصلة محل النزاع مِنْ فولجاتا Vulgate اللاتينية. وبناءً على ذلك أدخلَ إراسموس الفقرة في طبعتِه الثالثةِ (١٥٢٢)، لكنه في حاشية طويلة أعلنَ شكه في أن المخطوطة كَانتْ قَدْ أعدت بشكل واضح لدَحْضه.[٢]

ثانيًا: طبعتي الملك جيمس [١٦١١] وامبليفيد Amplified:

اعتمدت طبعة الملك جيمس على النص المقبول أو ما يعرف باللاتينية Textus Receptus وهو نص حظي بالقبول العام من كافة الطوائف المسيحية واعتمدت عليه الطبعات التالية: وقد وضعت العبارة الشركية «فاصلة يوحنا» في طبعة الملك جيمس، كما وضعت العبارة الشركية في

(١) See: Metzger, The text of the New Testament, pp. 142-143.

(٢) انظر: المصدر السابق، ص:١٤٧.

طبعةAmplified، وكلاهما اعتمد على نصTextus Receptus . أدرجت فيهما فاصلة يوحنا.بعد عصر التنوير وظهور منهج النقد الحديث وخروج طبعات نقدية قام بها نقاد أكفاء، سقط نص Textus Receptus وما بني عليه من طبعات وظهرت الطبعات النقدية المحققة تحقيقًا علميًا خالية من فاصلة يوحنا.(١)

(١) لمعرفة تفصيلات عن ظهور وسقوط نص Textus Receptus أو النص المتفق عليه؛ انظر:

See: Metzger: The text of the New Testament: pp. 170-175.

1 John 4 and 5 — NEW TESTAMENT

King James

21 And this commandment have we from him, That he who loveth God love his brother also.

Amplified

21 And this command (charge, order, injunction) we have from Him, that he who loves God shall love his brother [[a]believer] also.

CHAPTER 5

WHOSOEVER believeth that Jesus is the Christ is born of God: and every one that loveth him that begat loveth him also that is begotten of him.

2 By this we know that we love the children of God, when we love God, and keep his commandments.

3 For this is the love of God, that we keep his commandments: and his commandments are not grievous.

4 For whatsoever is born of God overcometh the world: and this is the victory that overcometh the world, *even* our faith.

5 Who is he that overcometh the world, but he that believeth that Jesus is the Son of God?

6 This is he that came by water and blood, *even* Jesus Christ; not by water only, but by water and blood. And it is the Spirit that beareth witness, because the Spirit is truth.

[7 For there are three that bear record in heaven, the Father, the Word, and the Holy Ghost: and these three are one.

8 And there are three that bear witness in earth, the Spirit, and the water, and the blood: and these three agree in one.

9 If we receive the witness of men, the witness of God is greater: for this is the witness of God which he hath testified of his Son.

10 He that believeth on the Son of God hath the witness in himself: he that believeth not God hath made him a liar; because he believeth not the record that God gave of his Son.

11 And this is the record, that God hath given to us eternal life, and this life is in his Son.

12 He that hath the Son hath life; *and* he that hath not the Son of God hath not life.

13 These things have I written unto you that believe on the name of the Son of God; that ye may know that ye have eternal life, and that ye may believe on the name of the Son of God.

CHAPTER 5

EVERY one who believes—adheres to, trusts in and relies [on the fact]—that Jesus is the Christ, the Messiah, is a born-again child of God; and every one who loves the Father also loves the one born of Him—His offspring.

2 By this we come to know (recognize and understand) that we love the children of God: when we love God and obey His commands—orders, charges; when we keep His ordinances and are mindful of His precepts and His teaching.

3 For the [true] love of God is this, that we do His commands—keep His ordinances and are mindful of His precepts and teaching. And these orders of His are not irksome—burdensome, oppressive or grievous.

4 For whatever is born of God is victorious over the world; and this is the victory that conquers the world, even our faith.

5 Who is it that is victorious over (that conquers) the world but he who believes that Jesus is the Son of God—who adheres to, trusts in and relies [on that fact]?

6 This is He Who came by (with) water and blood [[b]His baptism and His death], Jesus Christ, the Messiah; not by (in) the water only but by (in) the water and the blood.

7 And it is the (Holy) Spirit Who bears witness, because the (Holy) Spirit is the Truth.

8 So there are three witnesses *in heaven, the Father, the Word and the Holy Spirit, and these three are One; and there are three witnesses on the earth*, the Spirit, the water and the blood; and these three agree—are in unison, their testimony coincides.]

9 If we accept [as we do] the testimony of men (if we are willing to take human authority), the testimony of God is greater (stronger authority), for this is the testimony of God: even the witness which He has borne regarding His Son.

10 He who believes in the Son of God—who adheres to and trusts in and relies on Him, possesses this divine attestation—has the testimony within himself. He who does not believe God (in this way) has made Him out to be *and* represented Him as a liar, because he has not believed—put his faith in and adhered to and relied on the testimony—the evidence that God has borne regarding His Son.

11 And this is that testimony—that evidence: God gave us eternal life, and this life is in His Son.

12 He who possesses the Son has that life; he who does not possess the Son of God does not have that life.

13 I write this to you who believe in (adhere to, trust in and rely on) the name of the Son of God—that is, in [c]the peculiar services and blessings conferred by Him on men—so that you may know (with settled and absolute knowledge) that you [already] have life, [d]yes, eternal life.

a) Thayer.
b) Vincent.
c) Thayer.
d) Westcott in Speaker's Commentary.

874

الفصل الخامس من رسالة يوحنا الأولى الفقرة السابعة

في طبعتي الملك جيمس وابمبلفيد amplified

❁ ثالثًا: فاصلة يوحنا في طبعات العهد الجديد النقدية الحديثة:

بعد فترة النقد الحديث وظهور محاولات لنشر طبعات محققة للعهد الجديد، ظهرت طبعات تعرف بالطبعات النقدية المحققة، وقد حذفت هذه الطبعات ما لم تجده في المخطوطات الأصلية. وبناءً على ذلك حذفت فاصلة يوحنا من الطبعات التالية:

١- الطبعات الأربع ثنائية اللغة:

اعترف العلماء الكاثوليك الرومان المعاصرون بأنّ العبارة الشركية لا تَعُودُ إلى العهد الجديد اليوناني؛ على سبيل المثال، الطبعات الثنائية اللغة للعهد الجديدِ التي نشرها بوفر Bover، ومرقص Merk، ونيلو Nolli، وفوجلز Vogels، توجد فيها الفاصلة كجزء مِنْ نَصِّ فولجاتا Vulgate اللاتيني المصدّقة من مجمع ترينتي الكنسي، لكنها تحذف مِن النَصِّ اليونانيِ المُواجه للنص اللاتيني على الصفحةِ المقابلة.

٢- طبعة فولجاتا الجديدة Nova Vulgata، التي نشرَت في سنة ١٩٧٩ بعد مجمع الفاتيكان الثاني، لا تَتضمّنُ الفاصلةَ.

٣- طبعة كمبردج للكتاب المقدس التي نَشرَت في سنة ١٨٧٣، وَضعت الفاصلةَ بحرف مائلِ مشيرة إلى الشك فيها.

٤- ترجمات الكتاب المقدس الحديثةِ مثل NIV، NASB، ESV، NRSV وغيرها إمّا تحذف الفاصلةَ كليًّا، أَو تلقيها في الهوامشِ.

٥- طبعة كرباخ Griesbach النقدية للعهد الجديدِ تُوضّحُ في الهامشِ،

الأسباب النقدية لرفضِ فاصلةِ يوحنا.[١]

٦- كلا من طبعة: (Novum Testamentum Graece) (NA 27) وطبعة مجمع التوراةِ المتّحدةِ (UBS 4) تقدم ثلاث صيغ مختلفة للفقرة مع الإشارة إلى الوثائق التي أثبتت كلا منها باستخدام الرموز، مبينة أسباب اعتبارها الفاصلة مدرجة.

حذفت الفاصلة من طبعات Living New Testamentو الطبعة القياسية المنقحة REVISED STANDARD

(١) لمعرفة تفصيلات عن هذه الطبعة ومحققيها، انظر:
See: Metzger: The text of the New Testament: p 156.

طبيعة المسيح: Christology

طبيعة المسيح هي إحدى أهم صور ومسائل الخلاف بين النسختين المسيحيتين، المسيحية الأصلية، والمسيحية المحرفة. الخلاف بين تصوير المسيحية الأصلية للمسيح باعتباره «مجرد إنسان مخلوق» وبين المسيحية اليونانية التي نصور المسيح كإله. لقد مثل هذا الخلاف أو الحرب التي دارت في القرن الرابع بين أهم ممثلي المسيحية الأصلية؛ القسيس الموحد آريوس، والمثلث العنيد أثناسيوس، كلا الرجلين من مدينتي: الإسكندرية.

تنصّ العقيدة التي تبنّاها المسيحيون اليهود؛ وفقًا للمصادر الأرثوذكسية، على أن «الله واحدٌ فَردٌ غير مولود، لا يشاركه شيء في ذاته تعالى أحد. فكل ما كان خارجًا عن الله الأحَد إنما هو مخلوق من لا شيء، وبإرادة الله ومشيئته». وهذا يعني أن المسيح، وفق هذا التّعريف، بشرٌ مخلوق. في المقابل رفض المسيحيون الأرثوذكس (بعد حسم الأسماء والألقاب) هذا التفسير العقائدي الواضح لطبيعة المسيح «المسيحيات» Christologies. بالنسبة لهم، المسيح يجب أَنْ يَكُونَ أكثر مِنْ «مجرد إنسان» حتى يستطيع أن يخلص العالم، حتى يستطيع خلاص العالم يَجِبُ أَنْ يكون إلهًا. نعم كان المسيح إنسانا من لحم ودم؛ لكنه في نفس الوقت كان إلهًا، الابن الوحيد والقديم مع أبيه من الأزل، مولود غير مخلوق، الله تعالى نزل إلى الأرض ليخلص العالم.

هذه العقائد المتناقضة كَانتْ سمة أساسية لهؤلاء الأرثوذكس، وأصبحت هذه العقائد هي التي (لاحقًا) تمثل قانون الإيمان، أو قانون العقائد الأرثودوكسي.

ممثل المسيحيين اليهود في القرن الرابع؛ آريوس؛ كان يرى أن المسيح مخلوق حادث؛ ليس قديمًا؛ لأنه ببساطة في وقت ما؛ لم يكن المسيح قبله موجودًا، فهو قد خرج من العدم مثل باقي خلق الله وبحسب إرادة الله ومشيئته، وبناءً عليه ليس إلهًا، وأن للمسيح معرفة محدودة، ولأنه مخلوق إلهي فإن الله قد منحه الاختيار في أن يسلك طريق الصلاح أو أن يصير كالشيطان، فخضع للتجربة أو «الابتلاء» مثل كل البشر؛ على أن الله كان قد سبق في علمه وقرر أن يسلك الابن يسوع المسيح طريق الصلاح والكمال.(١)

وبناءً على ذلك -يقول آريوس- إنّه لا يمكن إلاّ أن يكون المسيح إنسانًا، ولا بد أن يكون المسيح (ككل الخليقة) معرضًا للتغير والخطيئة، وأنه؛ مثل كل الكائنات المخلوقة، لا يحيط بشيء من علم الله.

هذه هي عقيدة المسيحيين اليهود التي اعتقدوها في المسيح؛ رجل إنسان؛ ذو طبيعة بشرية، وليس قديمًا، ولدَ وعِاشَ ككُلّ البشر الآخرين. في وقتٍ ما مِنْ وجودِه، بعد معموديته، اختار الله المسيح أو(تبناه) ليكون نبيًا ورسولًا منه. فقط بهذا المعنى كَانَ هو «ابن الربَ»: فالمسيح لم يكَنَ إلهًا

---

(١) أثناسيوس: ١ : ١٤.

بالطبيعةِ، لكن كَانَ إنسانًا بالطبيعة وبكل ما يعنيه التعبيرِ: يقول آريوس:

«... إن الله لم يكن دائمًا أبًا. ولكنه صار أبًا فيما بعد. والابن لم يكن موجودًا دائمًا، لأنه لم يكن موجودًا قبل أن يولد. وأنه ليس من الآب، ولكنه هو أيضًا خلق من العدم. وهو ليس من نفس جوهر الآب لأنه مخلوق ومصنوع»؟ وأن «المسيح لم يكن إلها حقيقيًا، بل صار الهًا بالمشاركة. والابن لم يعرف الآب معرفة تامة، والكلمة لم ير أباه بصورة كاملة. بالاسم فقط يدعى كلمة وحكمة لكن ليس بالحقيقة، بل بالنعمة فقط يدعى ابنًا وقوة. وهو ليس غير قابل للتغير مثل الآب، ولكنه متغير بالطبيعة كالمخلوقات. وهو قاصر عن إدراك معرفة الآب إدراكًا كاملًا».(١)

احتج آريوس على نفيه قدم المسيح وبنوته الحقيقية لله، وبالتالي ألوهيته، بالعقل، حجة آريوس كانت واضحة ومنطقية:

«...إن لم يكن هناك وقت ما، لم يكن فيه الابن موجودًا، بل هو أزلي في وجوده مع الآب، إذن فلا يعود يسمى بعد ابنًا بل أخًا للآب».(٢)

وهذا إلزام قوي، لأن التساوي في الزمان يستلزم التساوي في الرتبة. ولو كان كذلك لكان الثاني أخًا للأول بدلًا من ابنه لأن البنوة تستلزم فرقًا زمنيا في الوجود وبناء عليه في الرتبة (البنوة).

يمكننا أن نستنتج وبشكل دقيق مِنْ أعمالِ أثناسيوس -وحتى

---

(١) أثناسيوس: ١: ١٨.

(٢) أثناسيوس: نفسه.

يوسابيوس - Eusebiusوأن نلقي نظرة أكثر تفصيلًا في مذاهبِ المسيحية الأصلية لكن بحذر.

إن المصادر الأدبية لهذه الفرقة؛ للسباب التي سبق ذكرها، قليلة ومتباعدة، لذلك فهي لا توضح بدقة المذهبَ الصحيح. لقد رفض آباء الكنيسة هذا المذهب وذلك في أول مجمع مسكوني في تاريخ المسيحية عام ٣٢٥ م وهو مجمع نيقية حيث صاغوا القسم الأول من قانون الإيمان الذي يقول بألوهية المسيح وتساويه فيه مع الآب، وأعلنوا حرمان آريوس وجميع أتباعه، ولكن هذا لم يوقف انتشار الآريوسية بين مسيحيي ذلك الزمان؛ فانتشرت في مصر والشام والعراق وآسيا الصغرى، حتى أصبحت سنة ٣٥٩ م المذهب الرسمي للإمبراطورية الرومانية. يمكننا أن نستنتج مذاهبِ الآريوسية لكن بحذر. وفقا لهذه المصادر؛ التي لا نملك غيرها: مذهب آريوس يتلخص في أربع نقاط:

❑ **أولًا: الابن خُلق من العدم:**

يرى آريوس أن الابن له بِداية، بمعنى ولد في وقت ما وأصبح ابنًا في وقت ما، لم يكن قبله، فقد خلقَه الأبُّ من العدم، إذن لا بدّ وأنه خُلِقَ من لا شيء مثل بقيّة الخَلْقِ. بقدر ما بدا هذا صحيحًا بالنظر إلى النصوص، فقد بدا مخزيا بالنسبة إلى معارضي آريوس Arius، لكن آريوس Arius كَانَ قويَا في إعلانِه أن الابن «نظرا لأنه لَيسَ له وجود ولا حياة بنفسه بدون إرادةِ الأبَ» فالابن إذن حادث بعد ما لم يكن. هذه كَانتْ مسألة الخلاف والمعارضةِ الدقيقةِ للعقيدة الأرثوذكسية عن الأبِّ والابن باعتباره نفس

الأقنوم homoousius.

في العقيدة الأرثوذكسية، الابن لا يُمْكِنُ أَنْ يَعمَل غير إرادة الأبِّ لأنهما في الحقيقة نفس الشيء أو «الشيء نفسه تمامًا».(١)

□ ثانيًا: الابن لَيسَ كلي المعرفة:

نظرا لأن الابن خُلِقَ من لا شيء، فلا يُمكنُ أَنْ يكون له معرفةً كاملةً عن الوجود، يعني الأبّ، الذي هو الأزلي، وهذه العقيدةِ كَانَت مرفوضة تمامًا بين قرّاءِ أعمالِ آريوس Arius، لكن آريوس Arius كَانَ صريحًا على الرغم من هذا في زعمِه «أن الله مجهول للابن» واعتقد الآريوسون أنّ الابن تَعلّمَ مِن الأبِّ بواسطة السؤال حتى قبل رسالته الدنيويةِ.(٢)

يقول أثناسيوس حكاية عن آريوس:«فقد ذكر في «ثاليا» ما يلي: «وحتى الابن فإنه لا يرى الأب» وأن «الكلمة لا يستطيع أن يرى أو أن يعرف أباه تماما بصورة كاملة. ولكن ما يعرفه وما يراه، فإنه يعرفه ويراه بقدر طاقته الذاتية، مثلما نعرف نحن أيضا بقدر طاقتنا الذاتية». كما يقول أن الابن ليس فقط لا يعرف تمام المعرفة، إذ هو يعجز عن هذا الإدراك، بل إن الابن نفسه لا يعرف حتى جوهره الخاص به. وأن كل من الأب والابن والروح القدس، جوهره منفصل عن الآخر حسب الطبيعة. وأنهم مقسمون ومتباعدون وغرباء عن بعضهم البعض، وليس لهم شركة أحدهم مع الآخر، إذ يدعى هو

---

(١) انظر: أثناسيوس: ١: ١٤. و١: ١٨.

(٢) أثناسيوس ١: ١٤.

نفسه أنهم غير متشابهين تماما في الجوهر والمجد بلا نهاية».[١] بناءً على ذلك كل نص يوحي بخلاف العقيدة الأرثوذكسية ويؤيد رأي آريوس، مثل نص مرقص ١٣ : ٣٢ وأما ذلك اليوم وتلك الساعة فلا يعلم بهما أحد، ولا الملائكة الذين في السماء، ولا الابن، إلا الآب فقد تعرض للتلاعب. النساخ الأرثوذكس تَركَوا لنا تسجيلا - من خلال ما نسخِوه -للتأثيرِ الواسع الانتشار للخلافاتِ العقائدية في عصرهم. العديد مِن النصوصِ الّتي سَيتناولها هذا العمل تؤكّدُ بأنّ المسيح كَانَ إلهًا وسندَرس عِدد من التحريفات التي تؤكد أن ظهورِ المسيح في هذا العالمِ لم يكَنْ هو لحظة مَجيئه إلى الوجود، أو حتى معموديته، بل هو كذلك من ولادته.

☐ ثالثًا: البنوة مجازية بالاختيار أو بالتبني:

يرى آريوس أن المسيح هو ابن لله لكن هذه البنوة بنوة مجازية مثل جميع أبناء الله الآخرين الذين كانوا أبناء لله دون أن يصبحوا آلهة، فإن الكلمة كان «ابن» الله، لَيسَ بمعنى البنوة الطبيعية، لكن بمعنى يمتدِ ويشمل كُلّ المؤمنين، أَو أبناء الله بالتبني. هذا التعبير لَهُ هذا المعنى في النصوصِ التي احتج بها آريوس مثل سفرِ التثنية ١٤ : ١، «أنتم أبناء الله ربكم» ويوحنا ١ : ١٢، «وأما كل الذين قبلوه [الابن]، فأعطاهم سلطانًا أَنْ يكونوا أبناء الله.» العلاقة بين المسيح والله كَانَت «بالاشتراك في الروحِ»، «بالاشتراك في النعمةِ»، «نعمة اليقين ورداء الفضيلة»، «بالتبني»، «بهدية الله»، «ولهذا سَمّى

---

(١) أثناسيوس: نفسه.

المسيح كلمةً وابنا طبقًا للنعمةِ»، «النعمة المكتسبة»، «نعمة حادثة».[1] من المؤكد أن حجج آريوس العقلية يدعمها الكتاب المقدس نفسه: فالكتاب المقدس يعتبر الصالحين أبناءً لله تعالى، لكنهم ليسوا آلهة، ومن الممكن المسيح أن يكون «ابن الربُ» مثلهم؛ لكن بدون اعتبار أنه أصبح «إلهًا،» فوفقًا للكتب المقدس، كان: آدم -عَلَيْهِ السَّلَامُ- كان ابنًا لله؛ لكن دون أن يكون إلهًا، كما يقول الكتاب المقدس؛ فآدم هو -حسب (لوقا (اصحاح ٣): «٣٨)- ابن انوش بن شيت بن آدم ابن الله. وكذلك يصف الكتاب ابناء شيث كأبناء الله كما في سفر التكوين: ٦: ١-٢ في مقابل بنات الناس٦: ١: «وحدث لما ابتدأ الناس يكثرون على الأرض وولد لهم بنات» ٦: ٢ «ان أبناء الله رأوا بنات الناس أنهن حسنات فاتخذوا لأنفسهم نساء من كل ما اختاروا.» وهم ابناء شيث النسل المرضي امام الله (سفر التكوين ٤: ٢٥) وابناء وبنات الناس هم نسل قايين الشرير المرفوض لشره من امام الله. فأبناء شيث دعوا أبناء الله، النسل الذي منه يأتي نوح ثم إبراهيم، ثم داود، ثم المسيح، وفيه تباركت كل قبائل الأرض. وهم المؤمنون المنتسبون إلي الله، الذين أخذوا بركة آدم (تكوين ٢٨: ١)، ثم بركة نوح (تكوين ١: ٩). فسمى الله تعالى هؤلاء البشر أولاده قبل الطوفان. أما أولاد قايين، فليسوا أبناء الله، لأنهم أخذوا اللعنة التي وقعت على قايين (تكوين ٤: ١١) وساروا في طريق الفساد، فدعوا أبناء الناس. وكلهم أغرقهم الطوفان. وابراهيم (إفرايم) هو الابن البكر لله كما في (إرميا ٣١: ٩) «بالبكاء يأتون وبالتضرعات اقودهم.

(١) أثناسيوس: ١: ١٨.

اسيّرهم الى انهار ماء في طريق مستقيمة لا يعثرون فيها. لأني صرت لإسرائيل ابا وافرايم هو بكري. وإسرائيل بن الله البكر كما في (سفر الخروج اصحاح ٤: ٢٢) «فتقول لفرعون هكذا يقول الرب. إسرائيل ابني البكر.» وسليمان بن الله وأبوه كذلك كما في (أخبار الايام الأول ٢٢: ٩-١٠) وكما في (المزمور ٨٩: ٢٦) والمزمور (٨٩: ٢٦) و(صموئيل الثاني: ٧/ ١٤)، دون أن يصبح أي منهما إلهًا. وفقًا للكتاب المقدس أصبح داوود ابنًا لله بنفس الكلمات التي قيلت للمسيح وجعلته ابنا لله دون أن يصبح إلهًا، (سفر المزامير، إصحاح ٢: ٧): «إني أخبر من جهة قضاء الرب. قال لي أنت ابني. أنا اليوم ولدتك» بالنسبة لنا -المسلمين- الخلق جميعًا هكذا «الخلق عيال الله.»(١)

---

(١) ورد من حديث عبدالله بن مسعود، وأنس بن مالك رضي الله عنهما فحديث بن مسعود أخرجه الطبراني في «الكبير» (١٠ / ٨٦)، وفي «الأوسط» (٥٥٤١)، وأبو نعيم في «الحلية» (٢ / ١٠٢) و(٤ / ٢٧٣)، والشاشي في «مسنده» (٤٣٥)، وابن عدي في «الكبير» (٦ / ٣٤١)، والخطيب في «تاريخه» (٦ / ٣٣٣)، والبيهقي في «شعب الإيمان» (٧٤٤٨)، وابن الجوزي في «العلل المتناهية» (٢ / ٢٨) وحديث أنس: فأخرجه الحارث بن أبي أسامة في «مسنده» (٢ / ٨٥٧ - بغية الباحث)، والبزار في «مسنده» (١٩٤٩ - كشف)، وأبو يعلي في «مسنده» (٣٣١٥، ٣٣٧٠، ٣٤٧٨)، والطبراني في «مكارم الأخلاق» (٨٧)، وابن أبي الدنيا في «قضاء الحوائج» (٢٤)، والبيهقي في «شعب الإيمان» (٧٤٤٥، ٧٤٤٦)، وابن عدي في «الكامل» (٧ / ١٥٣)، والقضاعي في «مسند الشهاب» (١٣٠٦).

❑ رابعًا: الابن يتغير:

يقول آريوس نظرًا لأن الابن مخلوق، فهو بِطبيعة التعريف يَكُونَ قابلًا للتغييرِ، مثل كل البشر المخلوقين الآخرين، فيولد طفلًا ثم ينمو ويكبر، ويتطور في العلم والجسم والروح، مثل كل المخلوقات هو متغير، بدنيًّا وأخلاقيًّا. رفض الأرثوذكس هذا المبدأ وأكد أثناسيوس على بطلانه فيقول: «.. ولذلك فإن صورة الله غير المتغيرة ينبغي أن تكون ثابتة غير متغيرة لأن يسوع المسيح هو هو أمس واليوم وإلى الأبد...»(١) وبناءً عليه كل نص أوحى بغير هذه العقيدة تعرض للتغير مثل نص «وكان الصبي ينمو ويتقوى بالروح ممتلئًا حكمة وكانت نعمة الله عليه.... وأما يسوع فكان يتقدم في الحكمة والقامة والنعمة عند الله والناس» (لوقا ٢).

باتفاق المصادر التي تناولت الخلاف الآريوسي سواء من الموافقين أو المعارضين له، يتفق الجميع على أن المسيحيين اليهود لم يخترع أفكارهم. يكشف العهد الجديدِ نفسه أنّ المسيح نفى أن يكون إلهًا، وأكد على أنه مختلف عن الله.(٢)، هكذا يُخبرُ المسيح مريم المجدلية بأنّ الله هو إلهَه؛ ويَقُولُ بشكل مُحدّد وواضح: «أبي أعظمُ مِنِّي؛»(٣) ويعترف بمعرفته الناقصةَ؛ وأنه لا يَستطيعُ أَنْ يعرف أو يَعمَلُ شيئًا وحده: «قال لهم يسوع طعامي ان اعمل مشيئة الذي ارسلني واتمم عمله» [يوحنا: ٤/ ٣٤] و: «لأني

---

(١) أثناسيوس: ١: ٥٥.

(٢) يوحنا: ١٧: ٢.

(٣) يوحنا: ١٤: ٢٨.

لم اتكلم من نفسي لكن الاب الذي ارسلني هو اعطاني وصية ماذا اقول وبماذا اتكلم» [يوحنا: ١٢/ ٤٩].

لقد تحدث العهد الجديد عن المسيح باعتباره «الابن البكر» firstborn «للخليقة» أو حتى «الابن الوحيد.» لكن هذه الألقاب كانت تَفهم ضمن سياقِ الفهم اليهوديِ لهذه المصطلحات، ولم تكن تفهم بشكل حرفي؛ فهي تعني حسب الفهم اليهودي أن المسيح سمي «مولودا لله،» و«ابنا الله» فقط بمعنى مجازي، (يعني بشكل لا لبس فيه: العابد المخلص لله)؛ ولكنه «خلق» اللهِ بمعنى حقيقي. هكذا يستعمل الكتاب المقدس هذه الألقاب كما في الزبور الثاني والثمانين: «أنا قلت إنكم آلهة وبنو العلى كلكم» فجاء ههنا إطلاق الآلهة وأبناء اللّه على العوام فضلًا عن الخواص.

واستعمل مثل هذا اللفظ في حق الصالح غير المسيح أيضًا، ففي الإصحاح الخامس من إنجيل متى: (و) (طوبى لصانعي السلام لأنهم أبناء اللّه يدعون) ٤٤ (وأما أنا فأقول لكم أحبوا أعداءكم باركوا لأعينكم أحسنوا إلى مبغضيكم وصلوا لأجل الذين يسبونكم) ٥٤ (لكي تكون أبناء أبيكم الذي في السماوات) فأطلق عيسى عَلَيْهِ ٱلسَّلَامُ على صانعي السلام والصلاح على العاملين بالأعمال المذكورة لفظ أبناء اللّه وعلى اللّه لفظ الأب بالنسبة إليهم.(١)

كما استعمل «ابن إبليس» في حق الطالح: ففي الإصحاح الثامن من

---

(١) انظر: جي ني بيرر، شارل، المسيحية نشأتها وتطورها، تحقيق د عبد الحليم محمود، طبعة دار المعارف مصر، ص ٨.

إنجيل يوحنا في المناظرة التي وقعت بين اليهود والمسيح: ٤١ (... فقالوا له إننا لم نولد من زنا لنا أب واحد وهو اللّه) ٤٢ (فقال لهم يسوع لو كان اللّه أباكم لكنتم تحبونني) الخ ٤٤ (أنتم من أب هو إبليس وشهوات أبيكم تريدون أن تعملوا ذاك كان قتالًا للناس من البدء ولم يثبت في الحق لأنه ليس فيه حق متى تكلم بالكذب فإنما يتكلم مما له لأنه كذب وأبو الكذب). فاليهود ادعوا أن لهم أبًا واحدًا وهو اللّه وقال المسيح عَلَيْهِ ٱلسَّلَامُ لا بل أبوكم الشيطان وظاهر أن اللّه والشيطان ليس أبًا لهم بالمعنى الحقيقي. فاليهود كانوا يريدون نحن صالحون ومطيعون لأمر اللّه، ويقول المسيح عَلَيْهِ ٱلسَّلَامُ إنكم لستم كذلك بل أنتم طالحون مطيعون للشيطان. فمذهب Arius أريوس عن الابن «المَخْلُوق» يتوافق مع العهد القديم والعهد الجديد، الذي ما زلنا نجد فيه تأثيرَ العقيدة اليهودية بوضوح أكثر عن الله. انتشرت أفكار آريوس لأنها بسطت الفكرةَ اليونانيةَ المعقدة بشكل مثير عن الله باعتباره «الوالد» ووَضعتْ حدًّا للتعاليم المبهمةِ التي سادَت في الكنيسةِ حتى عصر آريوس Arius فأصبحت العقيدة عند الرجل غير المتخصّصِ والبسيطِ والمثقّفِ والمتعلّمِ على حدّ سواء، وأصبحَت المسيحيةُ مفهومة. ورغم أن هذه كَانتْ في الحقيقة وجهة نظر الجماعة المسيحية القديمِة عن المسيح، إلا أنه في نهاية القرن الثالث وأوائِل القرن الرابعِ، تَغيّرتْ وجهةَ النظر المسيحية عن الله بشكل جذري، فلم يعد الابن مخلوق، وأصبحت الكنيسةَ المسيحيةَ تعتِقد، أن الله -تعالى- ولد الابن حقيقة. إن النسب بهذه الصورة لم يكن مماثلا للنسب الإنساني، وبناءً عليه اعتقد المسيحيون بدءا من القرن الرابعِ أن الكلمة «المسيح» لم تكن أبدًا مخلوقة. عبارات الكتاب المقدّسِ التي

سمت الكلمة «ابنَا» أو «مولودًا» أصبحت تفهم بمعنى حرفي أكثر بكثير مما فهمها المسيحيون الأوائل.

ومن هنا أستنتج المسيحيون اليهود -ومنهم آريوس Arius - من هذه النصوص- عقيدته التي تقول أنَّ المسيح ليس إلهًا، بل هو مخلوق من المخلوقات، مهما أطلق عليه من أسماء، فالله، «الأبُّ» خلق الابن، والأبّ والابن كَانا في الحقيقة ' واحد، ' لكن في الكمالِ الأخلاقيِ فقط، ولَيسا متماثلَين في الكيان بمعنى آخر، حَلَّ آريوس Arius قضية لاهوتِ المسيح عمليًا بوَضْعه مع الكائناتِ 'المَخْلُوقةِ'. لكن حتى أولئك الذين رفضوا مذهبِ وتعليم Arius وأتباعه، يَجِبُ أَنْ يَعترفَوا بأنّ الآريوسية لَها منطقُ عقلانيُ واضح ومفهوم.

أما الأرثوذكس فقد كان المسيح بالنسبة لهم؛ كما يصفه إجناتيوس بهذه الكلمات المتناقضة: «هو شخص واحد: مادي وروحي، مولود وقديم، إنسان، وإله، في الموت كان نابضًا بالحياة، ابن مريم وابن الله، متألم ومعصوم؛ ربنا يسوع المسيح.»(١)

أيضًا إن العقلاء جميعًا يعترفون بأن هذا المذهبِ الأرثودوكسي مبهمُ بشكل يائس.

(١) (رسائل إجناتيوس: ٧: ٢).

الخلاص والبر

البر في اليهودية هو الإيمان والعمل معًا، وترشد النصوص اليهودية على ضرورة الجمع بين الأمرين، فالعمل والإيمان هو البر. والبر لا يكون برًا إلا بهما، الإيمان والعمل. وعلى ضوء ذلك يمكن تفسير المقطع الشهير في سفر التكوين: «فآمن (ابراهيم) بالرب فحسب له ذلك برًا» (تكوين ١٥ : ٦). ومع ذلك يقول سفر التثنية: «لا تقل في نفسك... لأجل برّي، أدخلني الرب لأملك هذه الأرض» (تثنية ٩ : ٤-٦). والبر والخلاص في العهد القديم إنما يكون بالإيمان والأعمال، أي أعمال الشريعة أو الناموس:

(التثنية: ١ : ٢٤-٢٥): «فَأَمَرَنَا الرَّبُّ أَنْ نُمَارِسَ جَمِيعَ هَذِهِ الْفَرَائِضِ وَنَتَّقِيَهُ لِنَزْدَهِرَ دَائِمًا وَنَظَلَّ أَحْيَاءً كَمَا فِي هَذَا الْيَوْمِ. وَإِذَا أَطَعْنَا جَمِيعَ هَذِهِ الْوَصَايَا بِحِرْصٍ لِنُمَارِسَهَا أَمَامَ الرَّبِّ إِلَهِنَا كَمَا أَمَرَنَا، يَكُونُ لَنَا بِرٌّ.»

في هذا النص يظهر أن البر هو باتباع الشريعة وأن البر أو الخلاص يكون بالعمل بها. فلكي يصير الإنسان متقربا من الله بالأعمال يعمل بالوصايا، ويؤيده ما جاء في سفر (التثنية ٢٧/ ٢٦): «ملعون من لا يقيم كلمات هذا الناموس ليعمل بها».

كما نتوقع الآن؛ بناء على تمسك المسيح بالناموس، فقد سار المسيح على نفس هذا الإيمان وهذه العقيدة التي وصفها الكتاب الذي أنزل على وسى. فالعمل بالوصايا هو الطريق للوصول إلى البر والنجاة؛ وهو فتوى

المسيح نفسه، تصديقًا للتوراة، فنقرأ في الإنجيل إقرار المسيح للناموس ووظيفته من خلال قصة شاب غني طرح سؤالًا مصيريًّا على المسيح:

«أَيُّهَا الْمُعَلِّمُ الصَّالِحُ أَيَّ صَلاَحٍ أَعْمَلُ لِتَكُونَ لِيَ الْحَيَاةُ الأَبَدِيَّةُ»؟ في جوابه على هذا السؤال المهم جدًّا، قال له الرّب يسوع: «إِنْ أَرَدْتَ أَنْ تَدْخُلَ الْحَيَاةَ فَاحْفَظِ الْوَصَايَا. قَالَ لَهُ: أَيَّةَ الْوَصَايَا؟ فَقَالَ يَسُوعُ: «لاَ تَقْتُلْ. لاَ تَزْنِ. لاَ تَسْرِقْ. لاَ تَشْهَدْ بِالزُّورِ. أَكْرِمْ أَبَاكَ وَأُمَّكَ وَأَحِبَّ قَرِيبَكَ كَنَفْسِكَ». (متى١٩:١٦-١٩). إن العهد المسيح لا يمكن أن يغير حرف ولا نقطة من الشريعة أو الناموس أو التوراة، يقول العهد الجديد في شأن الناموس وتعظيمه قال المسيح: «زوال السماء والأرض أيسر من أن تسقط نقطة واحدة من الناموس» (لوقا ١٦/ ١٧). ويقول: «لا تظنوا أني جئت لأنقض الناموس أو الأنبياء، ما جئت لأنقض، بل لأكمل، فإني الحق أقول لكم: إلى أن تزول السماء والأرض لا يزول حرف واحد، أو نقطة واحدة من الناموس حتى يكون الكل، فمن نقض إحدى هذه الوصايا الصغرى، وعلم الناس هكذا يدعى: أصغر في ملكوت السماوات فاني اقول لكم انكم ان لم يزد بركم على الكتبة والفريسيين لن تدخلوا ملكوت السماوات*»(متى ٥/ ١٧ -٢٠). فالمؤمن التقيّ يقدر أن يصل إلى هذا البرّ، برّ الشريعة: «احفظوا فرائضي وأحكامي، فمن عمل بها يحيا، أنا الرب» (لاويين ١٨: ٥؛ رومية ١٠: ٥؛ غلاطية ٣: ١٢). هذا يعني أنّ المؤمن ينال برّ الله وخلاصه بطاعته لوصايا الله.

فلم يطلب منه المسيح الإيمان فقط، بل طالبه بالعمل بما جاء في وصايا

موسى عَلَيْهِ السَّلَامُ (الخروج ٢٠/ ١ -٧). وفي مرة أخرى قال لهم المسيح: «فإني أقول لكم: إن لم يزد بِركم على الكتبة والفريسيين، فلن تدخلوا ملكوت السماوات (متى ٥/ ٢٠). أي لا جنة لكم حتى تكونوا أفضل من اليهود. وكيف تكونون أفضل من اليهود، وأنتم لا تتبعون الناموس والوصايا؟

وفي موضع آخر ينبه إلى أهمية الكلام وخطره، فيقول: «أقول لكم: إن كل كلمة بطالة يتكلم بها الناس سوف يعطون عنها حسابًا يوم الدين، لأنك بكلامك تتبرر، وبكلامك تدان» (متى ١٣/ ٣٦-٣٧).

وأكد المسيح على أهمية العمل الصالح والبر، فقال للتلاميذ: «ليس كل من يقول: لي يا رب يا رب، يدخل ملكوت السماوات. بل الذي يفعل إرادة أبي الذي في السماوات، كثيرون سيقولون لي في ذلك اليوم: يا رب يا رب، أليس باسمك تنبأنا وباسمك أخرجنا شياطين وباسمك صنعنا قوات كثيرة، فحينئذ أصرّح لهم: إني لم أعرفكم قط. اذهبوا عني يا فاعلي الإثم» (متى ٧/ ٢٠-٢١). وضرب بعده لتلاميذه مثلًا بيّن فيه حال العامل بالناموس فقال لهم: «لماذا تدعونني يا رب يا رب. وأنتم لا تفعلون ما أقوله، كل من يأتي إلي، ويسمع كلامي، ويعمل به، أريكم من يشبه؟ يشبه إنسانًا بنى بيتًا وحفر وعمق، ووضع الأساس على الصخر، فلما حدث سيل صدم النهر ذلك البيت، فلم يقدر أن يزعزعه لأنه كان مؤسسًا على الصخر. وأما الذي يسمع ولا يعمل فيشبه إنسانًا بنى بيته على الأرض ومن دون أساس، فصدمه النهر حالًا، وكان خراب ذلك البيت عظيمًا». (لوقا ٦/ ٤٦ -٤٩).

وعلى هذا الاعتقاد كان تلاميذ المسيح؛ فهذا يعقوب أخوه، يقرر أن «إبراهيم تبرر بالإيمان والأعمال معًا، كما جاء في رسالة يعقوب: «ألم يتبرر ابراهيم أبونا بالأعمال اذ قدم اسحاق ابنه على المذبح* ٢٢ فترى أن الايمان عمل مع أعماله وبالأعمال أكمل الايمان* ٢٣ وتم الكتاب القائل فامن ابراهيم بالله فحسب له برًا ودعي خليل الله* ٢٤ ترون إذًا انه بالأعمال يتبرر الانسان لا بالإيمان وحده» هنا العلاقة بين الإيمان والأعمال واضحة؛ إن الأعمال تكمل الإيمان وبهما-الأعمال والإيمان-يتبرر الإنسان، لا بالإيمان وحده.

كما جاء في رسالة يعقوب «ما المنفعة يا إخوتي إن قال أحد: إنّ له إيمانًا، ولكن ليس له أعمال. هل يقدر الإيمان أن يخلصه؟» الإيمان أيضًا إن لم يكن له أعمال ميت في ذاته. الإيمان بدون أعمال ميت» (يعقوب ٢/ ١٤ – ٢٠). في رسالة يعقوب أيضًا «ما المنفعة يا إخوتي إن قال أحد: إنّ له إيمانًا، ولكن ليس له أعمال. هل يقدر الإيمان أن يخلصه؟» «الإيمان أيضًا إن لم يكن له أعمال ميت في ذاته. الإيمان بدون أعمال ميت» (يعقوب ٢/ ١٤ – ٢٠). ويقول: «كونوا عاملين بالكلمة، لا سامعين فقط خادعين نفوسكم» (يعقوب ١/ ٢٢)، ويقول (يعقوب ١/ ٢٧): «الديانة الطاهرة النقية عند الله الآب هي هذه: افتقاد اليتامى والأرامل في ضيقتهم، وحفظ الإنسان نفسه بلا دنس من العالم».

كذلك كان بطرس –رئيس الحواريين وراعي الكنيسة بعد المسيح؛ والذي كان يمارس مثل باقي التلاميذ المسيحية الأصلية، وافق رأيه قول

يعقوب في وجوب العمل مع الإيمان، وقد حدث بين بطرس وبولس في هذه المسألة؛ يرويه بولس نفسه في الرسالة إلى غلاطية (غلاطية ٢: ٢١)، حاكيًا الخلاف بينه وبين بطرس وبقية الحواريين والفرق بين انجليه الذي يبشر به سرًا وبين إنجيل بطرس: فيقول: «إذ نعلم أن الانسان لا يتبرر بأعمال الناموس بل بإيمان يسوع المسيح آمنا نحن ايضا بيسوع المسيح لنتبرر بإيمان يسوع لا بأعمال الناموس لأنه بأعمال الناموس لا يتبرر جسد ما «١٧» فإن كنا ونحن طالبون أن نتبرر في المسيح نوجد نحن أنفسنا أيضا خطاة أفالمسيح خادم للخطية؟ حاشا ١٨ فإني إن كنت أبني أيضا هذا الذي قد هدمته فإني أظهر نفسي متعديا ١٩ لأني مت بالناموس للناموس لأحيا لله* ٢٠ مع المسيح صلبت فأحيا لا أنا بل المسيح يحيا في فما أحياه الآن في الجسد فإنما أحياه في الايمان إيمان ابن الله الذي أحبني وأسلم نفسه لأجلي* ٢١ لست أبطل نعمة الله لأنه إن كان بالناموس بر فالمسيح إذا مات بلا سبب»

المفاجأة أن القديس بولس نفسه كان على هذا الرأي أول أمره. لكن يبدو أن القديس بولس مر بمرحلتين، في المرحلة الأولى وافق بقية التلاميذ في العلاقة بين العمل والإيمان، في نسخته الأولى القديس يرى بولس نفسه وجوب العمل، وأكد على أهمية العمل الصالح في مناسبات مختلفة منها قوله: «إن الذي يزرعه الإنسان إياه يحصد أيضًا... فلا تفشل في عمل الخير لأننا سنحصده في وقته (غلاطية ٦/ ٧). ويعترف بوضوح بالشريعة والعمل ويقول إن البر هو بالعمل بالناموس: «بل الذين يعملون بالناموس هم يبررون» (رومية ٢/ ١٣). ومنها قوله: «ليس الختان شيئًا وليست الغرلة

شيئًا، بل حفظ وصايا الله» (١كورنثوس ٧/ ١٩).

وفي رسالته لتيموثاوس يقول بولس: «أوصي الأغنياء... وأن يصنعوا صلاحًا، وأن يكونوا أغنياء في أعمال صالحة وأن يكونوا أسخياء في العطاء، كرماء في التوزيع، مدخرين لأنفسهم أساسًا حسنًا للمستقبل، لكي يمسكوا بالحياة الأبدية» (تيموثاوس (١) ٦/ ١٧ -١٩). ويقول: «كل واحد سيأخذ أجرته حسب تعبه» (كور (١) ٣/ ٨).

وكان رأى القديس بولس الأول -وجوب العمل مع الإيمان هو البر – متسقًا مع ما تشير إليه النصوص نفسها كما رأينا في العهدين-وهو يوافق الشريعة اليهودية ونصوص المسيح وآراء تلاميذ المسيح بما فيهم أخوه يعقوب، لكنه سرعان ما تحول عنه لرأي جديد ليكمل به صورة المسيحية اليونانية.

ومرة أخرى أشير إلى هذا التحول والانفصال بين المسيحية الأصلية – دين المسيح – والمسيحية الدين الجديد؛ مسيحية بولس اليونانية.

❑ الخلاص اليوناني:

كما رأينا خالف القديس بولس المسيح وتلاميذه في طريق الخلاص. وتغير طريق القديس بولس في الإيمان، فالإيمان عند القديس بولس هو قبول الهبة والثقة فيما نرجوه من الله من عطايا النعمة، والاعتراف بأن الرب ببذله نفسه عنا قد دفع ثمن غفران خطايانا. فليس الإيمان نوع من الفضل مقابل نوال الخلاص. فالإيمان في ذاته هو عطية الله وهبة الروح القدس (رو ١٢: ٣؛ غل ٥: ٢٢؛ في ١: ٢٩). فليس إيماننا هو الذي يخلّصنا، بل المسيح.

ولكنّنا ننال بالإيمان تأكيد تبريرنا الذي يأتي من الله. فموت المسيح هو العنصر المؤسِّس للإيمان. إذا آمنّا أنّه مات لأجلنا، تبرّرنا حقًّا. واجتمعنا به في موته وقيامته. وطريق الخلاص فقط هو الإيمان بذبيحة المسيح ودمه (رو ٣: ٢٥، ٢٦ و٤: ٢٠، ٢٢ وغل ٣: ٢٦ وأف ١: ١٢، ١٣ و١يو ٥: ١٠).[١]

الرأي الثاني الذي يخالف قوله الأول، في هذا الرأي يرى بولس أن العمل لا قيمة له، ولا ينجو الإنسان بالعمل بالناموس أو الشريعة، ولا يمكن أن يكفر الإنسان عن خطاياه بإراقة دم الثيران والتيوس، بل بدم المسيح ابن الرب. على الأرجح تغير رأي القديس بولس متأخرًا بعد صعود المسيح وموت جميع تلاميذه، بما فيهم يعقوب. واتخذ بولس موضوع رسالته إلى رومية (رومية:١: ١٧) مقتبسًا موضوعه من آية في سفر حبقّوق «أمّا البار فبالإيمان-ليس بالعمل- يحيا الإنسان» (رو ١: ١٧ وحب ٢: ٤).

وفقا لهذا القول البرّ الذي يدركه الإنسان بالإيمان، فقط بالإيمان، وفقط الإيمان بقضية واحدة، من أجل الخلاص، الذي حصل فعلا ومجانًا، بسفك دم المسيح على الصليب، وهذا الذي لا يعرف بولس غيره، أعني المسيح وإياه مصلوبًا»(الرسالة الأولى لكورنثوس، ٢: ٣) وفي رسالته إلى أهل رومة ٣: ٢٥» الذي قدمه الله كفارة بالإيمان بدمه لإظهار بره من أجل الصفح عن الخطايا السالفة بإمهال الله* ٢٦ لإظهار بره في الزمان الحاضر ليكون بارا ويبرر من هو من الايمان بيسوع* ٢٧ فأين الافتخار قد انتفى بأي ناموس

(١) انظر: أنس، جيمس، (بدون تاريخ) علم اللاهوت النظامي. ترجمة: منيس عبد النور، ص ٣٠.

بناموس الاعمال؟ كلا بل بناموس الإيمان* ٢٨ إذا نحسب أن الانسان يتبرر بالإيمان بدون أعمال الناموس* ٢٩ أم الله لليهود فقط أليس للأمم أيضا بلى للأمم أيضا* ٣٠ لأن الله واحد هو الذي سيبرر الختان بالإيمان والغرلة بالإيمان* ٣١ أفنبطل الناموس بالإيمان حاشا بل نثبت الناموس).

حتى بر إبراهيم لم يكن بسبب الأعمال عند القديس بولس في نسخته الأخيرة، أي فيما كتبه في وقت لاحق ليعقوب في رسالته إلى رومية عام ٥٧ ميلادية أي بعد نحو عشر سنوات من كتابة رسالة يعقوب (بين عامي ٤٦ و٤٩ ميلادية) وبعد وفاة بطرس (بعد يولية سنة ٦٤ في روما على عهد نيرون) وربما بعد وفاة جميع التلاميذ الذين لا تذكر وفياتهم في الكتاب المقدس وإنما تعرفه من التخمين التاريخي، بما يناقض ما ورد في رسالة يعقوب عن تبرير إبراهيم. فيرى أن إبراهيم تبرر بالإيمان فقط لا بالعمل، لكن يبقى السؤال: بأي إيمان تبرر إبراهيم؟ الإيمان بالفداء والخلاص المسيحي؟

يرى بولس أن إبراهيم رجل الله في العهد القديم، هو أوّل من عرف التبرير لأنّه «آمن» بمواعيد الله (تكوين ١٥: ٦؛ رومية ٤: ٣؛ غلاطية ٣: ٦؛ «آمن إبراهيم بكلام الله، فبرره الله لإيمانه»). وكما أنّ ابراهيم سبق في الزمن موسى، فقد سبق الإيمانُ أعمالَ الشريعة. في الرسالة إلى رومية يقطع بولس ويؤكد أن إبراهيم لم يتبرر أمام الله بسبب الأعمال. وفى كلمات محددة لا تترك مجالًا لأي لبس يقول بولس «لأنه بأعمال الناموس [بطاعة أوامر الله] كل ذي جسد [حتي لو كان إبراهيم] لا يتبرر أمامه» (رو ٣: ٢٠).. فإذا كان إبراهيم لم يتبرر أمام الله بأعماله، فماذا يكون المقصود من كلمات رسالة

يعقوب القائلة: «ألم يتبرر إبراهيم أبونا بالأعمال إذ قدم إسحق ابنه علي المذبح» (يعقوب: ٢: ٢١) ثم تأتى رسالة رومية (رومية ٤) التي كُتبت بعدها بسنوات فتقول إن إبراهيم تبرر أمام الله (صار بارًا أمامه) بالإيمان وليس بالأعمال. أي ليس عندما قدّم إسحق ابنه للذبح (كما في سفر التكوين) بل قبل ذلك بنحو ثلاثين عامًا، لا كما تقول رسالة يعقوب.

وأمام هذه الفقرة «مبررين مجانًا بنعمته» (رو ٣: ٢٤). فالله تعالى دبر مسألة الصلب وسفك دم المسيح كي يبرر الناس. فالصلب بإرادته لكي نتبرر نحن بلا سبب منا، بررنا مجانًا. ليس لأننا أفضل من غيرنا، بل لأننا قبلنا هذه النعمة الغنية... فالتبرير بواسطة الإيمان.

فكما تبرر إبراهيم الذى يُعتبر أبو كل المؤمنين (غلاطية ٣: ٧) بالإيمان، وهكذا كل مذنب لا ينال التبرير بطريق آخر غير إيمانه القلبي. فالتبرير هو عطية الله الثمينة التي لا طريق لنوالها سوي بالإيمان القلبي بصلب المسيح «القلب يؤمن به للبر» (رو ١٠: ١٠) ليس بسبب العمل بالشريعة.. «ليس لي برى الذى من الناموس [بطاعة الوصايا] بل الذى بإيمان المسيح البر الذى من الله بالإيمان» (رومية: ٣: ٩).

فالبر الذي كشفه الله في يسوع المسيح هو بره الخلاصي بمجرد الإيمان بصلب المسيح دون العمل بالوصايا. هذا المعنى الجديد إذن لا يشتق من نصوص الكتاب المقدس، أعني نصوص الأنبياء، ولا حتى أتباع الأنبياء، بل من كلمات ووحي وتعليم القديس بولس، أو بالأحرى؛ بنصف أقواله فقط، تظهر أن البر بالأعمال، بحسب الشريعة، باطل وعديم الجدوى. وينبني

مذهب بولس على الأسس التالية:

أن واهب التبرير هو الله: فبحسب الرسالة إلي رومية «الله هو الذى يبرر» (رومية ٨: ٣٣).. فالذي يُبرر المذنب هو الله.

ولأن الشريعة فشلت في تبرير الناس من الذنب بذبح الأضاحي والقرابين، لغلبة الذنب: «الناموس لم يُكَمِّل شيئًا... لأنه لا يمكن أن دم ثيران وتيوس يرفع خطايا» (عب ٧: ١٩؛ ١٠: ٤). وهكذا اضطر فشل الناموس القديس بولس إلى البحث عن البر والخلاص بدم المسيح بدلًا عن دم الثيران والتيوس.

وسبب البر والخلاص هو دم المسيح، فبحسب الرسالة إلى رومية (رو ٥: ٩) «ونحن متبررون الآن بدمه [دم المسيح] نخلص به من الغضب».. فالله يبرر الخاطئ الذي آمن دون أن يكون قد تجاوز عدله الكامل في شيء لأنه يبرره على أساس الدم الذي سُفك على الصليب.. يري الله هذا الدم الذي يعلن أن المسيح مات متحملًا بالكامل ما يستحقه الخاطئ من عقاب، فيبرره ولا يُحسب له خطية. البر والخلاص عند بولس مجانًا، بدون مقابل، أي بدون عمل، «متبرِّرين مجانًا بنعمته بالفداء الذي بيسوع المسيح» (رو ٣: ٢٤)، «أنا أُعطي العطشان من ينبوع ماء الحياة مجانًا» (رؤ ٢١: ٦)، «ومَنْ يُرِد فيأخذ ماء حياة مجانًا» (رؤ ٢٢: ١٧)]

هذا فرق كبير آخر بين المسيحية الأصلية التي تربط الخلاص بالعمل؛ مع الإيمان، حسب الشريعة، وبين المسيحية اليونانية التي تربط الخلاص؛ مثل كل الأديان الوثنية، بالصلب والفداء.

هكذا تحول بولس النسخة الثانية ليكمل الصورة الوثنية اليونانية التي تتكلم عن ذبح الآلهة وموتها فداءً للبشر.(١)

على خلاف من يظن أن العقيدة المسيحية - عقيدة الإله ابن الإله المصلوب فداءً للبشر - أمرٌ تفردوا به، يوثق التاريخ مصلوبين كثيرين، في اليونان والهند ومصر.(٢) ﴿يُضَٰهِـُٔونَ قَوْلَ ٱلَّذِينَ كَفَرُوا۟ مِن قَبْلُ ۚ قَٰتَلَهُمُ ٱللَّهُ ۚ أَنَّىٰ يُؤْفَكُونَ﴾ [التوبة: ٣٠].

(١) لقد كان هذا التشابه محط اهتمام عالم اللاهوت «توم هاربر» Tom Harper في كتابه «المسيح الوثني» The Pagan Christ. كما عرَّج عليها الأكاديمي واللاهوتي الأمريكي الأشهر «بارت إرمان» Bart Ehrman في كتابه Lost Christianities «العقائد المسيحية المفقودة» الذي ذكر فيه أن القرن الميلادي الأول كانت تسود فيه فوضى من العقائد المسيحية «chaos of beliefs» فمن النصارى آنذاك من عبد إلهًا أو اثنين أو ثلاثة حتى اثنا عشر إلهًا !! ثم فُرِضت عقيدة التثليث بسلطان الإمبراطور قسطنطين بعد مجمع «نيقية» المسكوني عام ٣٢٥م، حسب ما روت مجلة «ناشيونال جوجرافيك» في عدد مايو ٢٠٠٦ National Geographic.

(٢) انظر: كرسي جراف kersey Graves، في كتابه وعنوانه «الستة عشر مصلوبًا في التاريخ: أو: "The worlds sixteen saviors" وذكر فيه أن هذه العقيدة تكاد تتطابق مع ست عشرة عقيدة سابقة لها بزمن بعيد !!.

الدعوة المسيحية
بين العالمية والمحلية

مثل كل الرسالات والأنبياء كانت المسيحية الأصلية ونبيها المسيح مرسل برسالة إلى قومه خاصة. هكذا طبقًا للإنجيل [متى ١٠/ ٥-٧] أو وصية متى الأصلية، رسالة المسيح ليست لكل الأمم، بل فقط «لخراف إسرائيل الضالة». فقد جمع المسيح هؤلاء الاثني عشر أنفسهم وقال لهم: «لَا تَسْلُكُوا طَرِيقًا إِلَى الأُمَمِ، وَلَا تَدْخُلُوا مَدِينَةً للسَامِرِيِّين. ٦ بَلِ اذْهَبُوا فقط إِلَى الْخِرَافِ الضَّالَّةِ، إِلَى بَيْتِ إِسْرَائِيلَ. ٧ وَفِيمَا أَنْتُمْ ذَاهِبُونَ، بَشِّرُوا قَائِلِينَ: قَدِ اقْتَرَبَ مَلَكُوتُ السَّمَاوَاتِ.»

لكن نسخة المسيحية اليونانية قامت بعمل تعديل أساسي في الدين للسماح بدخول الأميين والوثنيين في الدين الجديد. ووضعوا وصية متى الزائفة لتقرير هذا التوجه الجديد. وبذلك صارت المسيحية اليونانية هل المسيحية ديانة عالمية؟ من ناحية اقتصادية: هل ما ينفق على النشاط الدعوي التنصيري ينفق في المكان الصحيح؟ هذا هو سؤال هذا المبحث.

لماذا يناقض المسيح نفسه فيورد وصية ثم أخيرًا ينقضها تمامًا بوصية لا توجد في أي مكان آخر؛ لا في متى ولا في غيره من الأناجيل؟

ثم مرة أخرى؛ في الفقرة الأخيرة من الكتاب نفسه، بغير المسيح خطته

وهدفه وعقيدته؛ مرة واحدة في نص واحد، فيدعو الاثني عشر؛ أنفسهم، ويأمرهم بالذهاب لكل الأمم؟ قائلًا لهؤلاء أنفسهم: «١٩فَاذْهَبُوا وَتَلْمِذُوا جَمِيعَ الأُمَمِ، وَعَمِّدُوهُمْ بِاسْمِ الآبِ وَالابْنِ وَالرُّوحِ الْقُدُسِ؛ ٢٠وَعَلِّمُوهُمْ أَنْ يَعْمَلُوا بِكُلِّ مَا أَوْصَيْتُكُمْ بِهِ. وَهَا أَنَا مَعَكُمْ كُلَّ الأَيَّامِ إِلَى انْتِهَاءِ الزَّمَانِ!». والثاني: هل غير المسيح رأيه أخيرًا؛ هذا ما قيل فعلًا؟

لكن لماذا يتجاهل التلاميذ إحدى الوصيتين بينما يعملون بالأخرى؟ ومرة أخرى أكرر عندما يأمر ملك من الملوك وزراءه بالقيام بمهمة ما ثم يتبين أن أحدا منهم –وهم مثلا ثلاثة: عشرة وزيرا- لم يمتثل الأمر فإننا نشك في أن الأمر الملكي قد صدر أصلا. وهذه هي العقبة الأخرى في طريق الوصية، فالحواريين أنفسهم –الثلاثة عشرة- لم يمتثلوا هذا الأمر؛ وليس هناك إشارة أبدًا إلى أن أي واحد منهم فعل ما أمر به. هذا ملخص ما أود بيانه فيما يلي:

❑ «إلى خاصته جاء»:

صرحت نصوص الأناجيل المتداولة اليوم بخصوصية بعثة المسيح لبني إسرائيل وبعدم جواز تعدي الدعوة المسيحية لغير هؤلاء: فمن النصوص المصرحة بذلك نص الإنجيل الرابع المنسوب للحواري يوحنا في الإصحاح الأول منه قوله: ﴿إلى خاصته جاء وخاصته لم تقبله﴾

يقول الدكتور وليم إدي: «إلى خاصته أي الأمة اليهودية دون عالم

الوثنيين المذكورين في العدد السابق...»[١]

ويقرر القديس بطرس ما قررته النصوص السابقة من أن المسيح أرسل لبني إسرائيل فيقول: (أعمال الرسل ١٠|٢٠- ٣٦):

«وَقَدْ أَرْسَلَ كَلِمَتَهُ إِلَى بَنِي إِسْرَائِيلَ، وَبَشَّرَهُمْ بِالسَّلَامِ بِوَاسِطَةِ يَسُوعَ الْمَسِيحِ....» ولا ريب أن القديس بطرس صرح بهذا في سفر أعمال الرسل الذي يروي جهود التلاميذ الدعوية بعد المسيح.

❑ حدود الدعوة المسيحية:

بين المسيح لتلاميذه حدد للمسيحيين حدود الدعوة المسيحية جغرافيا وبشريا وهو ما نراه صريحا في نص وصية متى الأصلية (متى ١٠|١-٧) يقول النص:

«ثُمَّ دَعَا إِلَيْهِ تَلامِيذَهُ الاثْنَيْ عَشَرَ، وَأَعْطَاهُمْ سُلْطَانًا عَلَى الأَرْوَاحِ النَّجِسَةِ لِيَطْرُدُوهَا وَيَشْفُوا كُلَّ مَرَضٍ وَعِلَّةٍ. ٢وَهَذِهِ أَسْمَاءُ الاِثْنَيْ عَشَرَ رَسُولًا: سِمْعَانُ الَّذِي دُعِيَ بُطْرُسَ، وَأَنْدَرَاوُسُ أَخُوهُ، وَيَعْقُوبُ بْنُ زَبَدِي، وَيُوحَنَّا أَخُوهُ؛ ٣فِيلِبُّسُ، وَبَرْثُلْمَاوُسُ؛ تُومَا، وَمَتَّى جَابِي الضَّرَائِبِ؛ يَعْقُوبُ بْنُ حَلْفَى، وَتَدَّاوُسُ؛ ٤سِمْعَانُ الْقَانَوِيُّ؛ وَيَهُوذَا الإِسْخَرْيُوطِيُّ الَّذِي خَانَهُ. ٥هَؤُلاءِ الاِثْنَا عَشَرَ رَسُولًا، أَرْسَلَهُمْ يَسُوعُ وَقَدْ أَوْصَاهُمْ قَائِلًا: «لَا تَسْلُكُوا طَرِيقًا إِلَى الأُمَمِ، وَلَا تَدْخُلُوا مَدِينَةً سَامِرِيَّةً. ٦بَلِ اذْهَبُوا بِالأَحْرَى إِلَى

---

(١) الكنز الجليل في تفسير الإنجيل، إنجيل يوحنا ص ٨ صدر عن مجمع الكنائس في الشرق الأدنى بيروت ١٩٧٣ طبعة منقحة القاهرة ٢٠٠٤

الْخِرَافِ الضَّالَّةِ، إِلَى بَيْتِ إِسْرَائِيلَ. ٧وَفِيمَا أَنْتُمْ ذَاهِبُونَ، بَشِّرُوا قَائِلِينَ: قَدِ اقْتَرَبَ مَلَكُوتُ السَّمَاوَاتِ....»

لقد حدّد لهم منطقة الكرازة «بالأمة اليهوديّة» دون أن يتجاوزوها إلى مدينة للسامريّين أو طريق للأم.

ويقول وليم إدي: «خراف بيت إسرائيل الضالة أي اليهود الذين ضلوا عن مسالك الحق والعبادة الروحية فكانوا كغنم بلا راع (متى ٩|٣٦) وعرضة للهلاك الأبدي والمراد ببيت إسرائيل نسل يعقوب»(١)

ويقول وليم إدي: إلى طريق أمم لا تمضوا :أرسلهم أولًا إلى أمتهم، لكن ذلك لم يكن إلا إلى حين، فالمسيح بعد قيامته أرسلهم إلى العالم .)متى ٢٨:١٩) «اذهبوا إلى العالم أجمع»

وقوله: «فالمسيح بعد قيامته أرسلهم إلى العالم (متى ٢٨:١٩)» اذهبوا إلى العالم أجمع» مشيرا إلى وصية متى المزيفة وقد سبق جواب هذه الدعوى أي أن المسيح غير هدفه بعد قيامته على فرض أنه قام. وبيان تزييف هذه الدعوى.

❑ عمل التلاميذ:

مرة أخرى عندما يأمر ملك من الملوك وزراءه بالقيام بمهمة ما ثم يتبين أن أحدا منهم –وهم مثلا ثلاثة عشرة وزيرا- لم يمتثل الأمر فإننا نشك في أن الأمر الملكي قد صدر أصلا. وهذه هي العقبة الأخرى في طريق الوصية،

---

(١) الكنز الجليل، مرجع سابق، تفسير إنجيل متى ص ٩٩.

فالحواريين أنفسهم –الثلاثة عشرة- لم يمتثلوا هذا الأمر؛ وفي بقيّة العهد الجديدِ ليس هناك إشارة أبدًا إلى أن أي واحد منهم فعل ما أمر به.

١- فالمعمودية كَانتْ دائمًا بالاسم المفرد لشخصِ المسيح.

٢- والدعوة لم تكن إلا لبني إسرائيل:

وبما أنني ذكرت ما يتعلق بنص الثالوث أكتفي هنا بالقضية الحالية، عالمية الدعوة، والحالة بعد المسيح؛ لأنه قيل إن المسيح حولها لعالمية بعد أن رفضه خاصته.

بينما تفترض وصية متى المزيفة أن المسيح خاطب الإثنى عشر بهذه الوصية وبالطبع من المفترض أن أول هؤلاء هو القديس بطرس رئيس الحواريين إلا أن المفاجأة التي تستحق الملاحظة هي أن القديس بطرس يرفض دعوة غير اليهود والذهاب إليهم ويعني ذلك أنه يعمل بالوصية الأصلية للمسيح دون الوصية المزيفة، هذا هو المفهوم من قوله في سفر الأعمال:

وَدَخَلَ بُطْرُسُ وَهُوَ يُحَادِثُهُ، فَرَأَى جَمْعًا كَبِيرًا مِنَ النَّاسِ، ٢٨فَقَالَ لَهُمْ: «أَنْتُمْ تَعْلَمُونَ أَنَّهُ مُحَرَّمٌ عَلَى الْيَهُودِيِّ أَنْ يَتَعَامَلَ مَعَ الأَجْنَبِيِّ أَوْ يَزُورَهُ فِي بَيْتِهِ. غَيْرَ أَنَّ اللهَ أَرَانِي أَلاَّ أَقُولَ عَنْ إِنْسَانٍ مَا إِنَّهُ دَنِسٌ أَوْ نَجِسٌ. ٢٩» مما يوحي بأنه لم يسمع بهذه الوصية المزيفة التي يعتمد عليها المثلثون والمنصرون.

ومن الصعب افتِراض بأنَّ هناك كَانَ هذا الإهمالِ العام لهذه الوصية من

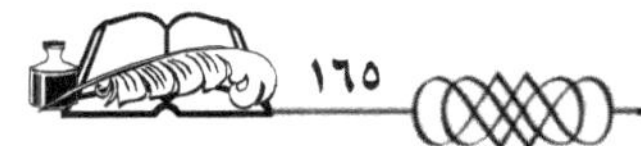

التلاميذ الإثنى عشر، إذا كَانَت فعلا قَدْ صدر أبدًا، أَو إذا كانت تشكّلَ جزءَ أبدًا حقًا النَصِّ الأصلي لإنجيل متى.

الشريعة وفشل الناموس

رأينا أن أهم الرسائل التي يحملها الإنجيل؛ على الأقل في ضوء موعظة الجبل (الفصول ٥-٧) هي العلاقة بين موسى والمسيح. أو بين العهدين القديم والجديد، ويشمل ذلك العقيدة والشريعة. لقد وضع المسيح قاعدته الذهبية: «ما جئت لأنقض جئت لأكمل»؟ أو هل غير المسيح الناموس الذي لا يمكن أن تزول منه نقطة فوق النون أو أخرى تحت الباء؟

وأكرر: لقد كان المسيح يهوديًا، كما كان كذلك تلاميذه؛ واختتن مثل اليهود، وفقًا لإنجيل لوقا، وفقًا للشرائع اليهودية؛ حسب وصية الله في سفر (التكوين: ١٧: ٩ – ١٤)، وعظم السبت «لوقا ٤: ١٦) و(مرقص ١: ٢١) و(مرقص ١٥: ٤٢) (يوحنا ٥: ١٩-٢٠) ويوحنا ٧: ٢٢-٢٣) و(يوحنا ٩: ١٦) وكذلك تلاميذه حتى بعد رفعه لم ينقضوا السبت بل حافظوا على هذه الشريعة: (لوقا ٢٣: ٥٤- ٥٦) و(متى ٢٨: ١) و(مرقص ١٦: ١).

لكن المفاجأة أن القديس بولس أعلن بشكل دراماتيكي فشل الشريعة وبالتالي قرر إلغاءها؛ ولأن الشريعة فشلت في تبرير الناس من الذنب، بذبح الأضاحي والقرابين، لغلبة الذنب: «الناموس لم يُكَمِّل شيئًا... لأنه لا يمكن أن دم ثيران وتيوس يرفع خطايا» (عبرانيين ٧: ١٩؛ ١٠: ٤). وهكذا اضطر فشل الناموس القديس بولس إلى البحث عن البر والخلاص بدم المسيح بدلًا عن دم الثيران والتيوس. وبناءً عليه ألغى الشريعة كلها، وبدل الناموس

الذي أكد المسيح أنه لا يمكن تبديله أبدًا. هكذا ألغى بولس السبت والختان والطعام المحرم، على التفصيل التالي:

الختان في الكتب المقدسة

أجمعت كل نصوص الكتب المقدسة، بل وغير المقدسة، مما تركه لنا الأولون على مسلاتهم وجدارياتهم، بأن الختان هو عهد الرب للإنسان بغفران خطيئة واحدة كبيرة ارتكبها أبو البشر آدم فعلها عندما كان في الجنة قبل أن يهبط للأرض، بينما بقى إبليس الذي خدعه غير مختون، وأهبط بغرلته إلى الأرض، فكل من لا يُختتن في لحم غرلته فهو من أتباع الشيطان، ولا يدخل الجنة. ومن هنا نرى أن الأمم الوثنية وعباد الشيطان لا يختتنون.

يؤكد الكتاب المقدس (العهد القديم) أو التوراة (سفر التكوين ١٧: ١٤) أن كل إنسان لا يُختتن يقتل: «وقال الله لإبراهيم هذا هو عهدي الذي تحفظونه بيني وبينكم كل ذكر يختتن في غرلته، ابن ثمانية أيام يختتن واما الذي لا يُختتن فتقطع تلك النفس من شعبها لأنه نكث عهدي»

لقد صار وصف الأغلف كلمة تعبر عن الازدراء والسخرية. وحرمت التوراة زواج المرأة من رجل غير مختون كما في سفر التكوين أيضًا: «لا نستطيع أن نفعل هذا الأمر أن نعطي اختنا لرجل أغلف لأنهُ عارٌ علينا». وبناءً عليه يحرم في الإسلام زواج المسلمة عندما من كتابي اغلف.

وكذلك؛ وفقًا للكتاب المقدس اليهودي، فإن الأغلف الغير مختون لا يجوز له الدخول إلى الاماكن المقدسة كما في سفر إشعياء النبي بمنع كل أغلف من دخول الأرض المقدسة لأن الأغلف نجس فقال قال النبي أشعياء

مخاطبًا أورشليم: «لا يدخلك فيما بعد أغلف ولا نجس».

وهذا أيضًا سبب منع المسلمين الكتابي الغير مختون من دخول الاماكن المقدسة الإسلامية.

أما المسيحية وكتبها المقدسة؛ فقد اختتن المسيح نفسه وفقًا للشريعة التوراتية، وكان ذلك وهو في عمر ثمانية أيام كما في إنجيل لوقا ٢: ٢١: «ولما تم للصبي ثمانية ايام دعوه يسوع وختنوه»

ثم أكد المسيح وفقًا للحواري برنابا (برنابا ٢٣/ ١٧)، حكم التوراة بأن كل من لا يختتن لا يدخل الجنة فقال: «دعوا الخوف للذي لم يقطع غرلته فإنه محروم من الفردوس».

وصف عيسى كل غير مختون بأنه أنجس من الكلب حيث قال صعد إلى نواحي صور وصيدا وإذا بامرأة من كنعان مع ابنيها قد جاءت من بلادها لترى يسوع فلما رأته آتيا مع تلاميذه صرخت يا يسوع ابن داود ارحم ابنتي التي يعذبها الشيطان فلم يجب يسوع بكلمة واحدة لأنهم كانوا من غير أهل الختان فتحنن التلاميذ وقالوا يا معلم تحنن عليهم انظر ما أشد صراخهم وعويلهم فأجاب يسوع إني لم أرسل الا إلى شعب إسرائيل فتقدمت المراة وابناها إلى يسوع معولة قائلة يا يسوع بن داود ارحمني أجاب يسوع لا يحسن أن يأخذ الخبز من أيدي الأطفال ويطرح للكلاب وانما قال يسوع هذا لنجاستهم لأنهم كانوا من غير أهل الختان فأجابت المرأة يا رب ان الكلاب تأكل الفتات الذي يسقط من مائدة أصحابها حينئذ انذهل يسوع من كلام المرأة وقال أيتها المرأة ان ايمانك لعظيم ثم رفع يديه إلى السماء

وصلى لله ثم قال أيتها المرأة قد حررت ابنتك فاذهبي في طريقك بسلام فانصرفت المرأة ولما عادت إلى بيتها وجدت ابنتها التي تسبح الله لذلك قالت المرأة حقا لا إله إلا الله إسرائيل فانضم من ثم اقرباؤها إلى الشريعة عملا بالشريعة المسطورة في كتاب موسى الفصل الثاني والعشرون شقاء غير المختونين يكون الكلف أفضل منهم فسأل التلاميذ يسوع في ذلك النهار قائلين يا معلم لماذا أجبت المرأة بهذا الجواب قائلا أنهم كلاب أجاب يسوع الحق أقول لكم أن الكلب أفضل من رجل غير مختون فحزن التلاميذ قائلين ان هذا الكلام لثقيل ومن يقوى على قبوله أجاب يسوع إذا لاحظتم أيها الجهال ما يفعل الكلب الذي لا عقل له لخدمة صاحبه علمتم أن كلامي صادق.

هكذا وصف المسيح الأغلف «الحق أقول لكم أن الكلب أفضل من رجل غير مختون»

لقد ذكر لنا المسيح قصة الختان وكيف حدثت فقال: «قال يسوع أنه لما أكل آدم الإنسان الأول الطعام الذي نهاه الله عنه في الفردوس مخدوعا من الشيطان عصى جسده الروح، فأقسم آدم قائلا تالله لأقطعنك. وحاول قطع جسده فوبخه الملاك جبريل على ذلك ولكن آدم قال لقد اقسمت بالله أن اقطع جسدي فلا أكون حانثا. حينئذ أراه الملاك جبريل الغرلة الزائدة فقطعها ودفنها في ارض الجنة ثم قال يسوع فكما أن جسد كل إنسان من جسد آدم وجب عليه أن يراعي كل عهد اقسم آدم ليقومن به»

وقد أخبر الله إبراهيم بحقيقة الختان وقال له يا ابراهيم. النفس التي لا

تختن جسدها إياها أبدد من بين شعبي إلى الأبد. لأن ذلك عهد بين الله والانسان حيث قال في سفر التكوين: فتختنون في لحم غرلتكم فيكون علامة عهد بيني وبينكم» سفر التكوين الاصحاح ١٧: ١١

ثم جاء الإسلام وأكد على ذلك وحث عليه على لسان خاتم الأنبياء ﷺ وأعاد ما ابطلته المسيحية وقد قال القرآن المكرم في سورة الحج: «ملة أبيكم إبراهيم هو سماكم المسلمين من قبل ليكون الرسول شهيدا عليكم» وقد قال الرسول ﷺ «الْفِطْرَةُ خَمْسٌ (وفي رواية عشر): تَقْلِيمُ الْأَظَافِرِ، وَقَصُّ الشَّارِبِ، وَالِاسْتِحْدَادُ، وَالْخِتَانُ، وَنَتْفُ الْإِبطِ»(١).

---

(١) إسناده صحيح على شرط الشيخين. وأخرجه أحمد ٢/ ٢٣٩، والبخاري (٥٨٨٩) في اللباس: باب قص الشارب، ومسلم (٢٥٧) (٤٩) في الطهارة: باب خصال الفطرة وأبو داود (٤١٩٨) في الترجل: باب في أخذ الشارب، والنسائي ١/ ١٥ في الطهارة: باب نتف الإبط، وفي «الكبرى» كما في «التحفة» ١٠/ ١٢، وابن ماجة (٢٩٢) في الطهارة: باب الفطرة وأبو عوانة ١/ ١٩٠، والبيهقي ١/ ١٤٩، والبغوي (٣١٩٥) من طرق عن سفيان، بهذا الإسناد.
وأخرجه البخاري في «الأدب المفرد» (١٢٥٧)، والنسائي ٨/ ١٢٨ في الزينة: باب من السنن: الفطرة، من طريقين عن أبي هريرة.
ووقفه من قول أبي هريرة مالك في «الموطأ» ٢/ ٩٢١ في صفة النبي صَلَّى اللهُ عَلَيْهِ وَسَلَّمَ: باب ما جاء ف إسناده صحيح على شرط الشيخين.
وأخرجه أحمد ٢/ ٢٣٩، والبخاري (٥٨٨٩) في اللباس: باب قص الشارب، ومسلم (٢٥٧) (٤٩) في الطهارة: باب خصال الفطرة وأبو داود (٤١٩٨) في الترجل: باب في أخذ الشارب، والنسائي ١/ ١٥ في الطهارة: باب نتف الإبط، وفي «الكبرى» كما في «التحفة» ١٠/ ١٢، وابن ماجة (٢٩٢) في الطهارة: باب الفطرة =

من كل ما تقدم يتبين أن الكتب أكدت على ان كل من لا يختتن يُقتل. وهو أنجس من الكلب كما جاء على لسان عيسى، وانه لا يدخل الفردوس، وأنه نجس وعار لا يجوز الزواج منه فكل الأنبياء اختتنوا وكل أتباعهم اختتنوا لا بل أن الرب عيّن عيسى الطاهر ليكون خادما للختان فقال في رسالة بولص إلى اهل رومية الاصحاح ١٥: الفقرة: ٨ «إن يسوع المسيح قد صار خادم الختان» وأكد على أن الختان هو الختم الذي يحفظ بر الإيمان فقال في رومية ٤: ١١ «وأخذ الرب علامة الختان ختما لبرِ الإيمان»

لقد خان المسيحيون العهد واتبعوا الأمم الوثنية واستنوا بسنة الشيطان الذي نهاهم عن الختان.

وهكذا أصبح الأغلف علامة كل تابع للشياطين ومن هنا ترى البوذية والسيخية والهندوسية وغيرها يعبدون الاشجار والاحجار والافاعي والقرود والبقر لأنهم رفضوا علامة ختم الإيمان.

=
وأبو عوانة ١/ ١٩٠، والبيهقي ١/ ١٤٩، والبغوي (٣١٩٥) من طرق عن سفيان، بهذا الإسناد.
وأخرجه البخاري في «الأدب المفرد» (١٢٥٧)، والنسائي ٨/ ١٢٨ في الزينة: باب من السنن: الفطرة، من طريقين عن أبي هريرة. ووقفه من قول أبي هريرة مالك في «الموطأ» ٢/ ٩٢١ في صفة النبي صَلَّى اللهُ عَلَيْهِ وَسَلَّمَ: باب ما جاء في السنة في الفطرة والنسائي ٨/ ١٢٩ في الزينة: باب من السنن، من طريقين عن سعيد المقبري، عن أبي هريرة في السنة في الفطرة والنسائي ٨/ ١٢٩ في الزينة: باب من السنن، من طريقين عن سعيد المقبري، عن أبي هريرة.

تفرض التوراة ختان كل الذكور في اليوم الثامن من ولادتهم (التكوين ١٧: ١-١٤، اللاويون ١٢: ٣)، إذ يلزم وفقًا للشريعة ختان الأطفال من الذكور بعد ثمانية أيام من ولادتهم؛ وعقب الختان يُسمى الطفل. حتى وليد الأم اليهودية غير المختون لا يعتبر يهوديا مع ذلك. يسمى حفل الختان بالعبري "بريت ميلاه" بمعنى "عهد الختان". أصبح الختان علامة العهد الذي بين الله وبني إسرائيل من عهد إبراهيم. من هذه الوصية التي أعطاها الله إبراهيم يتضح أهمية الختان كطقس يميز أبناء الله عن بقية الناس الذين في العالم، ويتضح أيضًا إثم عدم الختان لأن الأغلف الذي لا يختن يقطع من الشعب أي يحرم من حق البنوة لله التي ينالها المختون لأنه نكث عهد الرب.

استمرت شريعة الختان ولم تنسخ في أبدًا عند اليهود حتى عصر يحيى والمسيح نفسه، ظل اليهود يتمسكون ويطبقون هذه الشريعة اليهودية؛ فيحيى المعمدان؛ ختن وسمي في اليوم السابع باسم أبيه زكريا (لوقا:١: ٥٩-٦٠) ثم غير اسمه لـ «يحيى».

في المسيحية الأصلية كان الختان شعيرة محترمة؛ فقد كان المسيح نفسه مختونًا؛ طبقًا للشريعة اليهودية، بما أنه كان المسيح نفسه يهوديًا، مثل يحيى، ولد في أسرة يهودية ونشأ في بيئة يهودية، ذات ثقافة يهودية، فاختتن مثل اليهود، وفقًا لإنجيل لوقا، وذلك بعد ثمانية أيام من ميلاده وفقًا للشرائع اليهودية؛ وبالتالي ختن وسمي المسيح باسمه في يوم ختانه.(١)

(١) تحتفل الكنائس المسيحية بـ(عيد الختان) لكن تختلف في يوم العيد.

وبعد المسيح، كان بطرس والتلاميذ متمسكين بالمسيحية الأصلية التي ورثوها عن أستاذه المسيح، متقيدًا بشريعة موسى ومبشرًا بإنجيل الختان، (يصفه الإنجيل نفسه بأنه: رسول الختان) أي يدعو وفقًا للمسيحية اليهودية وتقاليدها.

وفي (سفر اعمال ١٥: ١): دليل على أن المسيحيين بقيادة بطرس بقوا على تمسكهم بالطقوس والشعائر اليهودية وكانوا يعلمون المؤمنين انهم ان لم تختتنوا حسب عادة موسى وإن لم يفعلوا فلا يمكنهم أن تخلصوا».

إذن المسيحيون اليهود بعد المسيح بقيادة بطرس رئيس الحواريين بقوا متمسكين بأصلهم وهويتهم ووصية المسيح وكان رأيهم ضرورة التمسك بالناموس أي شريعة موسى، كضرورة ختان من يدخل للإيمان كما كانوا يفعل اليهود مع من يدخل للإيمان اليهودي (خروج ١٢:٤٨.) وعلى أن يحفظوا الناموس. ومنعوا الدعوة والأكل مع الأمم (الوثنيين)، كما هي الشريعة اليهودية ووصية المسيح (متى ١٠: ٢-٨) وكان هذا معناه عدم التعامل بين الفريقين، المسيحيين اليهود والوثنيين. وهذا تمامًا هو سبب المشكلة التي ثارت بينه وبين بولس واتهمه بولس بالنفاق.

في هذا دليل على أن هؤلاء المسيحيين اليهود آمنوا بأن على المسيحيين ان يتمسكوا باليهودية. وينبغي ان يختنوا وأن يحفظوا ناموس موسى.

لاحقًا؛ بعد انتشار المسيحية في الأمم، كان المسيحيون من أصل يهودي يتمسكون بالشريعة وكانوا يرون ضرورة الختان حسب الناموس، وأن الختان واجب لمن يدخل للإيمان كما كانوا يفعلون مع من يدخل للإيمان

اليهودي ومن لا يختتن لا يخلص. وعليهم أن يحفظوا الناموس، من الغريب أن بولس كان يسمح بالختان أيضًا؛ ففي أعمال الرسل ١٦ : ٣ جعل الرسول بولس مساعده في العمل، تيموثاوس، يختتن؛ وقام بولس نفسه بختانه.

ويظهر من الرسالة لغلاطية أن كنائس غلاطية كانت خاضعة للمسيحين اليهود المتمسكين بالناموس، وهؤلاء كانوا ينادون بضرورة الختان والالتزام بالناموس بالنسبة للمسيحيين، وأنه لا خلاص بدون حفظ الناموس والختان ليس عادة يهودية، بل هو شيء اساسي للخلاص وهذا أمر أزعج بولس لأنه يناقض فكرته الخاصة عن الخلاص. لذلك أسماهم بولس بالإخوة الكذبة، فهم إخوة لأنهم مسيحيون، وهم كذبة لأنهم تمسكوا بناموس موسى كما أوصى المسيح! هؤلاء آمنوا بالمسيح اليهودي، ولكن رفضهم بولس وأسماهم بالمزعجين إذ أثاروا الكنائس ضده في كل مكان (غلاطية ١ :٧و أعمال الرسل ١٨ :١٢، ١٣). يقول بولس الرسول للغلاطيين الاميين وهم ليسوا يهود شارحا خطأ هذا الفكر قائلا: (غلاطية ٥: ١-٢): «فاثبتوا إذًا في الحرية التي قد حررنا المسيح بها ولا ترتبكوا ايضا بنير عبودية ٥: ٢ ها انا بولس اقول لكم انه ان اختتنتم لا ينفعكم المسيح شيئا».

ولكن بولس رفض هذه الفكرة لأنها في رأيه خطأ من النوع الشنيع. وفقًا لبولس لم يعد المؤمنون بالعهد الجديد تحت ناموس العهد القديم، ولم يعد الختان فريضة. وقد تم تأكيد هذا في عدد من مقاطع العهد الجديد، من بينها أعمال الرسل ١٥؛ غلاطية ٢: ١-٣؛ ٥: ١-١١؛ ٦: ١١-١٦؛ كورنثوس الأولى ٧: ١٧-٢٠؛ كولوسي ٢: ٨-١٢؛ فيلبي ٣: ١-٣. في رأى بولس أن

العهد الجديد وصلب المسيح ألغى هذه الطقوس الناموسية وأن العماد حلَّ محل الختان، والفداء بالصليب حل مكان الذبائح؛ وتطهير القلب مكان تطهير اليدين والرجلين.

استبدل بولس الختان اليهودي بالمعمودية المسيحية والخلاص أصبح بدم المسيح ليس بالناموس. فصلب المسيح هو الذي يخلص المؤمنين وليس ممارسة أي طقس ظاهري. وبما أن الناموس (تثنية ١٠: ١٦) كان يقر بأن الختان وحده ليس كافيًا لإرضاء الله، وتكلم بالتحديد عن الحاجة إلى «خِتَانُ الْقَلْبِ» كذلك رأى بولس (رومية ٢: ٢٩). فالخلاص لا تحققه أعمال الجسد ولا دم التيوس والثيران، بل صلب ودم المسيح (غلاطية ٢: ١٦).

سبت الرب وأحد الرب

تعتبر الوصيَّة الرابعة من الوصايا العشر واحدة من أهم ما يميّز اليهودية عن عقائد وديانات العالم. وتوجد أوامر ووصايا متنوعة من الرّب لشعبه تبيّن لهم كيف يقدّسون يوم الرّب.

وانتهاك السبت ذنب عظيم يعاقب عليها بالقتل انتهاك حرمة السبت، وبما أن يوم السبت -وفقًا للكتاب المقدس- صار «عَهْدًا أَبَدِيًّا» بين الله وبني إسرائيل، وهو «عَلاَمَةٌ إِلَى الأَبَدِ» كما في سفر الخروج (٣١: ١٦-١٧) فيجب على جميع المؤمنين أن يحفظوه أبد الدهر لأنه أمر إلهي وعقد أبدي بين الله وإسرائيل لا جدال فيه. فمن انتهك السبت وقام فيه بأي عمل من الأعمال المحرمة فيه، كما في الوصيّة الرابعة من الوصايا العشر التي نزلت على موسى عَلَيْهِ السَّلَامُ، ونصها كما في سفر الخروج (٢٠: ٨-١١):

«اذكر يوم السبت لتقدّسه، ستة أيام تعمل وتقوم بجميع مشاغلك، أمّا اليوم السابع فتجعله سبتًا للرب إلهك، فلا تقم فيه بأيّ عملٍ أنت، أو ابنك، أو ابنتك أو عبدك أو أمتك أو بهيمتك أو النزيل المقيم داخل أبوابك. لأن الرب قد صنع السماء والأرض والبحر وكلّ ما فيها في ستّة أيام، ثم استراح في اليوم السابع. لهذا بارك الرب يوم السبت وجعله مقدسًا».

ويعدد فصل «السبت» في المِشْنا(١) تسعة وثلاثين عملا رئيسًا يحظر القيام بها يوم السبت. وهي أعمال تتعلق بالزراعة وفلاحة الأرض ومتابعة ثمارها ومحاصيلها وحصادها، وتجهيزها، وإعدادها. وكذا الأعمال التي تتصل بذبح الحيوانات، وسلخها، وإعدادها للطعام، والتعامل مع فرائها والعناية بها ودبغها وصباغتها وتصنيعها وغير ذلك. وكذا التعامل مع الأنسجة والخيوط المختلفة، والكتابة والمحو، وأعمال البناء، وإشعال النار وغير ذلك. وهناك أعمال بسيطة جدًا كتقليم الأظافر، وكتابة كلمة من حرفين، أو بناء حجرين – بشروط يفيض في شرحها الحاخامات في مجلدات ضخمة، لذلك لا يقوم اليهودي بأي عمل يوم السبت.(٢)

وحدث مثل هذا أثناء تيه بني إِسرائيل في الصحراء، عندما وجدوا رجلًا يجمع حطبًا في يوم السبت، فاقتادوه إِلى موسى لمحاكمته، ثم وضع في السجن، حتى يتبن موسى من حكم الله فيه، فقال الله لموسى: هذا الرجل يجب أن يرجم حتى الموت، وهو ما حدث فعلًا. ونلاحظ هنا أن العقوبة قد

(١) المشناه أو التوراة الشفاهية هي تفسير تحليلي للتوراة المدوّنة. وتفيد التقاليد الموروثة أن التوراة الشفاهية أنزلت على سيدنا موسى في جبل سيناء، ثم نقِلت أبًا عن جد بواسطة خيرة القوم والزعماء الدينيين:

See: An Introduction to the Old Testament, (2006) by Tremper Longman III and Raymond B. Dillard, second Edition January 2009, P. 41.

(٢) See: THE MISHNA H TIANSLATE D FRO M TH E HEBREW WITH INTRODUCTION A N D BRIE F EXPLANATOR Y NOTE S By HERBERT DANBY, D.D., .Oxford University Press, 1939, PP. 100-120

نفذت دون مقدمات، مثل التحقيق أو طلب التوبة من المذنب، على الرغم من أن الحطّاب لم يكن يعلم بتلك العقوبة ولا الجماعة وهو ما يتضح من الفقرات صراحة.

كما نرى في النصوص؛ حافظ المسيح على حرمة السبت اتباعًا للناموس الموسوي، وها هو عندما ينصح أصحابه بأن يعملوا ما يجب عليهم قبل أن يأت السبت فلا يستطيعون العمل. يحذر المسيح تلاميذه ويرشدهم إلى ما يجب عليهم فعله. فعندما يأت «رجسة الخراب» التي قال عنها دانيال النبي فحينئذ ليهرب الذين في اليهودية إلى الجبال، والذي على السطح لا ينزل ليأخذ من بيته شيئا، والذي في الحقل فلا يرجع إلى ورائه ليأخذ ثيابه، وويل للحبالى والمرضعات في تلك الأيام. ثم يأمر تلاميذه أن «يصلوا قبل أن يكونوا في سبت» لأنه سيكون من الصعب بعد ذلك الهروب؛ لماذا؟ لأنه حسب الشريعة اليهودية، السفر في يوم السبت ممنوع على أتباع المسيح، باعتبارهم أتقياء متمسكون بالشريعة؛ حسب وصيته.

لكن يدعي أنصار المسيحية اليونانية بأن المسيح نقض حرمة يوم السبت مرّات كثيرة، (لوقا ٤:٣١-٣٧؛ ٦:٦-١٢؛ ١٣:١٠-١٧؛ ١٤:١-٦؛ يوحنا ٦:٥-٢٦، ٩:١-٤١؛ مرقس ٢:٢٣-٢٧؛ يوحنا ٥:١٦-١٨؛ يعقوب ٢:١٠). مثلًا نقرأ في مرقس ٢:٢٣-٢٨ «وَاجْتَازَ فِي السَّبْتِ بَيْنَ الزُّرُوعِ فَابْتَدَأَ تَلَامِيذُهُ يَقْطِفُونَ السَّنَابِلَ وَهُمْ سَائِرُونَ. فَقَالَ لَهُ الْفَرِّيسِيُّونَ: انْظُرْ. لِمَاذَا يَفْعَلُونَ فِي السَّبْتِ مَا لَا يَحِلُّ؟ فَقَالَ لَهُمْ: أَمَا قَرَأْتُمْ قَطُّ مَا فَعَلَهُ دَاوُدُ حِينَ احْتَاجَ وَجَاعَ هُوَ وَالَّذِينَ مَعَهُ كَيْفَ دَخَلَ بَيْتَ اللهِ فِي أَيَّامِ أَبِيَاثَارَ رَئِيسِ الْكَهَنَةِ

وَأَكَلَ خُبْزَ التَّقْدِمَةِ الَّذِي لَا يَحِلُّ أَكْلُهُ إلاَّ لِلْكَهَنَةِ وَأَعْطَى الَّذِينَ كَانُوا مَعَهُ أَيْضًا؟ ثُمَّ قَالَ لَهُمُ: السَّبْتُ إِنَّمَا جُعِلَ لأَجْلِ الإِنْسَانِ لَا الإِنْسَانُ لأَجْلِ السَّبْتِ. إِذًا ابْنُ الإِنْسَانِ هُوَ رَبُّ السَّبْتِ أَيْضًا».

هل فعلا خالف المسيح قاعدته الذهبية: «ما جئت لأنقض جئت لأكمل»؟ أو هل غير المسيح الناموس الذي لا يمكن أن تزول منه نقطة فوق النون أو أخرى تحت الباء؟

هذا النص نفسه يؤكد عدم نقض السبت، مع النصوص العامة في عدم النقض، بل مضى المسيح على طيته يصحح فهم اليهود للشريعة؛ وما حملوه عليها من أغلال وأعباء لم يضعها الله على الناس، فالمسيح هنا يشرح لهم خطأهم، أي أنهم كانوا يحملون السبت فوق ما شرعه الله لهم، فيضيفون على قداسته ما لم يطلبه الله ويستدل على ذلك بفعل النبي داوود، ولكن التقاليد التي أضيفت إلى الشريعة، صعَّبت الحياة على النّاس. ومن الأمثلة على ذلك: ١- ممنوع أن تسير أكثر من ميل يوم السبت. ٢- ممنوع أن تحمل وزنًا أكثر من تينة يابسة. ٣- ممنوع أن تحمل إبرة خوفًا من أن تستعملها في الحياكة. ٤- حتى الاستحمام كان ممنوعًا. ٥- ممنوع على المرأة أن تحمل مرآة.! هكذا كما في النص السابق لقد كان تلاميذ المسيح جوعى فقطعوا السنابل، وشريعة السبت في العهد القديم لا تمنع قطف السنابل من أجل الأكل وسد جوع الجسد، لقد أثار عمل التلاميذ غضب وحفيظة رجال الدين. ولكن إجابة المسيح على احتجاج المتديّنين قدمت التفسير الحقيقي للسبت: السبت جُعِلَ للإنسان، لا الإنسان لأجل السبت، ووفقًا للكتاب

المقدّس المسيحي، نجد أن المسيح قام بأعمال ضرورية فقط وعظيمة يوم السبت، كعلاج المرضى؛ مثل شفاء ذو اليد اليابسة، وشفاء المرأة ذات الظهر المنحني، ففي لوقا (و كان يعلم في أحد المجامع في السبت ١١ واذا امرأة كان بها روح ضعف ثماني عشرة سنة وكانت منحنية ولم تقدر ان تنتصب البتة ١٢ فلما راها يسوع دعاها وقال لها يا امرأة انك محلولة من ضعفك ١٣ ووضع عليها يديه ففي الحال استقامت ومجدت الله ١٤ فأجاب رئيس المجمع وهو مغتاظ لان يسوع ابرا في السبت وقال للجمع هي ستة ايام ينبغي فيها العمل ففي هذه ائتوا واستشفوا وليس في يوم السبت ١٥ فأجابه الرب وقال يا مرائي ألا يحل كل واحد منكم في السبت ثوره أو حماره من المذود ويمضي به ويسقيه ١٦ وهذه وهي ابنة ابراهيم قد ربطها الشيطان ثماني عشرة سنة أما كان ينبغي أن تحل من هذا الرباط في يوم السبت ١٧ وإذ قال هذا اخجل جميع الذين كانوا يعاندونه) ويريد المسيح بذلك بيان وتأكيد أنه لم ينقض السبت. وفي لوقا أيضًا توكيد لهذه الحقيقة، أن المسيح لم ينقض السبت بل منع البدع التي ارتبطت به، هكذا يقول النص: (و اذ جاء الى بيت أحد رؤساء الفريسيين في السبت ليأكل خبزا كانوا يراقبونه ٢ واذا انسان مستسق كان قدامه ٣ فأجاب يسوع وكلم الناموسين والفريسيين قائلا هل يحل الابراء في السبت ٤ فسكتوا فأمسكه وأبرأه وأطلقه ٥ ثم أجابهم وقال من منكم يسقط حماره أو ثوره في بئر ولا ينشله حالا في يوم السبت ٦ فلم يقدروا ان يجيبوه عن ذلك)(لوقا ١٤:١-٦) و(مرقص ٣: ١-٤) و(مرقص ٦: ٢) هنا أيضا نرى أن المسيح لم ينقض السبت ولا أي شريعة يهودية أخرى، بل كان يدخل المجمع ويحتفل يوم السبت معهم (لوقا ٤:

١٦) و(مرقص ١: ٢١) و(مرقص ١٥: ٤٢) ولكن اليهود الحاقدين عليه كانوا يتهمونه بهذه التهمة وهو ينكرها هكذا نجد نصوص (يوحنا ٥: ١٩- ٢٠) و(٧: ٢٢-٢٣) و(٩: ١٦) ولا تلاميذه حتى بعد رفعه نقضوا السبت هكذا في (لوقا ٢٣: ٥٤- ٥٦) و(متى ٢٨: ١) و(مرقص ١٦: ١) ومن فعل ذلك هو القديس بولس.

❑ سبت المسيحية اليونانية:

فجأة أصبح يوم الأحد بالنّسبة للمسيحيين هو سبت الرّب في العهد الجديد، والسؤال الذي يجب الإجابة عليه: لماذا تغير السبت المسيحي؟ لماذا أصبح الأحد بدلًا من السبت؟ أي اليوم الأول في الأسبوع بدلًا من اليوم السابع؟ هذه إحدى التعديلات الهامة التي أدخلت على النسخة الأصلية. هل كان المسيح يسبت مع اليهود أو كان يعظم الأحد؟

يعترف ويقر القديس بولس بالتغييرات التي أحدثها في المسيحية ومنها السبت والطعام الحلال؛ في رسالة كولوسي ٢:١٦-١٧: «فَلَا يَحْكُمْ عَلَيْكُمْ أَحَدٌ فِي أَكْلٍ أَوْ شُرْبٍ، أَوْ مِنْ جِهَةِ عِيدٍ أَوْ هِلَالٍ أَوْ سَبْتٍ، الَّتِي هِيَ ظِلُّ الأُمُورِ الْعَتِيدَةِ، وَأَمَّا الْجَسَدُ فَلِلْمَسِيحِ».

وكذلك يقول في الرسالة لرومية ١٤:٤-٩ «مَنْ أَنْتَ الَّذِي تَدِينُ عَبْدَ غَيْرِكَ؟ هُوَ لِمَوْلَاهُ يَثْبُتُ أَوْ يَسْقُطُ. وَلكِنَّهُ سَيُثَبَّتُ لأَنَّ اللهَ قَادِرٌ أَنْ يُثَبِّتَهُ. وَاحِدٌ يَعْتَبِرُ يَوْمًا دُونَ يَوْمٍ وَآخَرُ يَعْتَبِرُ كُلَّ يَوْمٍ. فَلْيَتَيَقَّنْ كُلُّ وَاحِدٍ فِي عَقْلِهِ: الَّذِي يَهْتَمُّ بِالْيَوْمِ فَلِلرَّبِّ يَهْتَمُّ وَالَّذِي لَا يَهْتَمُّ بِالْيَوْمِ فَلِلرَّبِّ لَا يَهْتَمُّ. وَالَّذِي يَأْكُلُ فَلِلرَّبِّ يَأْكُلُ لأَنَّهُ يَشْكُرُ اللهَ وَالَّذِي لَا يَأْكُلُ فَلِلرَّبِّ لَا يَأْكُلُ وَيَشْكُرُ اللهَ. لأَنْ

لَيْسَ أَحَدٌ مِنَّا يَعِيشُ لِذَاتِهِ وَلَا أَحَدٌ يَمُوتُ لِذَاتِهِ. لأَنَّنَا إِنْ عِشْنَا فَلِلرَّبِّ نَعِيشُ وَإِنْ مُتْنَا فَلِلرَّبِّ نَمُوتُ. فَإِنْ عِشْنَا وَإِنْ مُتْنَا فَلِلرَّبِّ نَحْنُ. لأَنَّهُ لِهَذَا مَاتَ الْمَسِيحُ وَقَامَ وَعَاشَ لِكَيْ يَسُودَ عَلَى الأَحْيَاءِ وَالأَمْوَاتِ».

لكن لماذا أصبح الأحد هو السبت المسيحي الجديد؟ الجواب: لأن المسيح قام صباح يوم الأحد، بحسب العقيدة المسيحية صباح اليوم الأوّل في الأسبوع، أي يوم الأحد (متى ٢٨:١؛ مرقس ١٦:١-٢؛ لوقا ٢٤:١؛ يوحنا ٢٠:١) منتصرًا على الموت وعلى الشّيطان الذي يدفع النّاس الى حياة الشّر والخطيّة. وأيضًا لأن روح القدس حلّ على التلاميذ في يوم عيدِ العنصرة[١]، وهو اليوم الخمسين على قيامة المسيح، أي يوم الأحد (أعمال الرسل ٢) وبناءً عليه اجتمعت أول كنيسة للعبادة وكسر الخبز في أوّل الأسبوع، أي يوم الأحد (سفر أعمال الرسل ٢٠:٧) «وَفِي أَوَّلِ الأُسْبُوعِ إِذْ كَانَ التَّلاَمِيذُ مُجْتَمِعِينَ لِيَكْسِرُوا خُبْزًا، خَاطَبَهُمْ بُولُسُ وَهُوَ مُزْمِعٌ أَنْ يَمْضِيَ فِي الْغَدِ، وَأَطَالَ الْكَلاَمَ إِلَى نِصْفِ اللَّيْلِ». أي اجتمع التلاميذ لكسر الخبز، أي للصّلاة وتناول شركة القربان المقدّس يوم الأحد. وجمع المؤمنون العطايا لأجل المحتاجين من القديسين أثناء العبادة يوم الأحد (كورنثوس الأولى ١٦:٢) «فِي كُلِّ أَوَّلِ أُسْبُوعٍ، لِيَضَعْ كُلُّ وَاحِدٍ مِنْكُمْ عِنْدَهُ، خَازِنًا مَا تَيَسَّرَ، حَتَّى إِذَا جِئْتُ لَا يَكُونُ جَمْعٌ حِينَئِذٍ». نجد هنا ذكر عبارة «فِي كُلِّ أَوَّلِ

(١) عيد العنصرة أو عيد الخمسين، عيد مسيحي يحتفل به بعد عيد القيامة بخمسين يومًا. ويقصد به حلول الروح القدس على تلاميذ المسيح بعد صعود يسوع بعشرة أيام بحسب رواية سفر أعمال.

أُسْبُوعٍ»، وتبرهن هذه العبارة على أن اجتماع الكنيسة في كورنثوس، وبقيّة الكنائس من القرن الأول، كان يتم في اوّل يوم في الأسبوع، أي يوم الأحد. والوحي جاء لبولس الرّسول بأن يكتب رسالته إلى الكنيسة في كورنثوس سنة ٥٥ أو ٥٦ ميلاديّة، أي أن يوم السّبت المسيحي أصبح يوم الأحد، أي أوّل الأسبوع، منذ بداية تاريخ الكنيسة المسيحيّة. إذن السؤال عما متى حدث هذا التعديل جوابه في القرن الأول على يد القديس بولس.

الطعام الحلال

kashrut כַּשְׁרוּת

وفقًا لسفر اللاويين؛ الذي حدد ما يحل وما يحرم من الأطعمة (لاويين: ٥:٢) الطعام الحلال כַּשְׁרוּת kashrut عند اليهود هو الطعام المذبوح وفقًا للشريعة. ومعنى كلمة (كوشر) التي تكتب عند اليهود، أن هذا الطعام موافق لقوانين الطعام المعمول بها في شريعتهم.(١)

حرَّم الله تعالى على اليهود أشياء من الطيبات، عقوبة لهم على معاصيهم، قال الله تعالى: ﴿ فَبِظُلْمٍ مِّنَ ٱلَّذِينَ هَادُواْ حَرَّمْنَا عَلَيْهِمْ طَيِّبَٰتٍ أُحِلَّتْ لَهُمْ ﴾ [النساء:١٦٠]، وكما قال تعالى: ﴿ وَعَلَى ٱلَّذِينَ هَادُواْ حَرَّمْنَا كُلَّ ذِى ظُفُرٍ وَمِنَ ٱلْبَقَرِ وَٱلْغَنَمِ حَرَّمْنَا عَلَيْهِمْ شُحُومَهُمَآ إِلَّا مَا حَمَلَتْ ظُهُورُهُمَآ أَوِ ٱلْحَوَايَآ أَوْ مَا ٱخْتَلَطَ بِعَظْمٍ ذَٰلِكَ جَزَيْنَٰهُم بِبَغْيِهِمْ وَإِنَّا لَصَٰدِقُونَ ﴿١٤٦﴾ ﴾ [الأنعام:١٤٦] وهو ما جاء في سفر اللاويين ٥: «قُلْ لِبَنِي إِسْرَائِيلَ: كُلَّ شَحْمِ ثَوْرٍ أَوْ كَبْشٍ أَوْ مَاعِزٍ لَا تَأْكُلُوا».

(١) See: Jean Danielou, The Theology of Jewish Christianity: A History of Early Christian Doctrine Before The Council of Nicaea. See Also: The development of early Christian doctrine before the Council of Nicaea, volume one: the theology of Jewish Christianity. And: Richard N. Longenecker The Christology of Early Jewish Christianity.

وبالمقارنة بين أحكام الطعام المعمول بها في اليهودية اليوم، يتبين أن جميع الأطعمة التي يحلونها هي حلال لنا في شريعتنا، ولا يستثنى من ذلك شيء -فيما نعلم- إلا الخمر فقط، فلهم فيها تفصيل.(١) وبعض الأطعمة محرمة عند اليهود فيحرمون على أنفسهم كل ما كان محرمًا في الشريعة الإسلامية، واهمها لحم الخنزير، عدا الخمر والكحول، ويضيفون إلى هذه المحرمات أنواعًا من اللحوم كالإبل والأرانب وبعض المأكولات البحرية. وأنواعًا من الشحوم ويحرم عليهم خلط بعض أنواع الأطعمة وغير ذلك. وحتى إن طريقة الذبح اليهودية تتطابق مع الذبح في الشريعة الإسلامية.

من المفترض أن تمضي الأمور في المسيحية على هذا النحو. بناءً على تمسك المسيح بالشريعة بشكل صارم كما رأينا في طول هذا البحث وعرضه. لكن المفاجأة أن النسخة المسيحية المعدلة غيرت الشريعة التي لا يمكن أم يزول منها نقطة واحدة، تحت الباء أو فوق النون.!!!

النسخة المسيحية اليونانية لا تحرم أي نوع من المأكولات أو المشروبات، بشكل عام لا توجد قيود على المأكولات، بما فيها الخمر ولحم الخنزير. هكذا يرفض القديس بولس تحريم أنواع من الأطعمة بعينها: في رسالة كولوسي ٢:١٦-١٧: «فَلَا يَحْكُمْ عَلَيْكُمْ أَحَدٌ فِي أَكْل أَوْ شُرْبٍ، أَوْ مِنْ جِهَةِ عِيدٍ أَوْ هِلَال أَوْ سَبْتٍ، الَّتِي هِيَ ظِلُّ الأُمُورِ الْعَتِيدَةِ، وَأَمَّا الْجَسَدُ فَلِلْمَسِيحِ».

---

(١) انظر: موسوعة اليهود واليهودية والصهيونية، للدكتور عبد الوهاب المسيري.، ص (٥/ ٣١٥-٣١٨)

إن القاعدة العامة للقديس بولس: في الرسالة الأولى إلى أهل كورنثوس «1 (كو ٦: ١٢) «كل شيء حلال، ولكن ليس كل شيء ينفع». وبحسب الشراح يشير بولس بهذا إلى «القاعدة في أمر الرسوم والعوائد اليهودية وأن المتنصرين من الأمم غير مكلفين بحفظها ولا سيما في التمييز بين الأطعمة..»(١) وقوله أيضا بعدها مباشرة: «الأَطْعِمَةُ لِلْجَوْفِ وَالْجَوْفُ لِلأَطْعِمَةِ» يعني: أنه «يجوز للإنسان أن يأكل كل ما يجده ملائمًا له».(٢)

هذا؛ وغيره، من الفروق الأساسية بين النسختين المسيحيتين، فبينما تحتفل الكنائس اليوم؛ تقليدا للكنائس المتقدمة، بأول يوم في الأسبوع وهو يوم الأحد، كما رأينا في سفر أعمال الرسل وكورنثوس وسفر الرؤيا. لكن يبقى سؤال التحدي: أين في الكتاب المقدس أن يوم السبت تغيّر وأصبح الأحد.؟ الحقيقة إن يوم السبت لم يصبح يوم الأحد. يوم السبت ما يزال يوم السبت، فهو لم يتغيّر، ولكن المسيحية هي التي تغيّرت. أصبحت دينًا جديدًا غريبًا عن مسيحية المسيح؛ وأصبح الإيمان بالمسيح المصلوب هو الواجب فقط وبعد ذلك كل شيء جديد في جديد، أصبح سبتها الأحد، والثالوث بدلًا من الواحد، والتعميد بدلًا من الحتان، ولا شيء يدخل الفم حرام؛ طعامًا أو شرابًا (الرسالة إلى رومية ١٤: ١٤-٢٣).

(١) الدكتور. وليم إدي، الكنز الجليل في تفسير الإنجيل، شرح الرسالة الأولى إلى أهل كورنثوس.

(٢) المصدر نفسه.

الفصل الرابع

الكتب المقدسة

الكتب المقدسة في المسيحية اليونانية

رغم أن المسيح لم يتحدث ولا يذكر في كلامه إلا كتابًا واحدًا يسميه إنجيلًا، ولا حتى تلاميذه يعرفون إلا إنجيلًا واحدًا، حتى القديس بولس بعد وفاته لا يذكر إلا إنجيلًا واحدًا صحيحًا؛ هو إنجيل المسيح ابن الرب، وأناجيل أخرى باطلة، إلا أننا اليوم نرى سبعة وعشرين كتابًا في المسيحية اليونانية، كتبت ونشرت في العالم اليوناني.

❐ العهد الجديد القانوني:

تشتق كلمة «قانون» أو «شريعةُ» من التعبيرِ الإنجليزي (Canon) المشتق أصلًا مِن الكلمة «اليونانية κανόν» التي تعَني «حاكمَ» أَو «قضيب قياس (مسطرة)» التي تُستَعملُ لرسم الخطوطِ المستقيمةِ أَو لقيَاْس المسافاتِ. عندما تطلق على مجموعة الكُتُبِ المقدسة، فإنها تُشيرُ إلى مجموعة مؤلفات أدبِية. هكذا، على سبيل المثال، شريعة شكسبير تُشيرُ إلى كُلّ (قائمة أو لائحة) كتاباتِ شكسبير الأصيلة دون الكتب التي نحلت تحت اسمه، وبالإشارة إلى التوراةِ، تشير كلمة الشريعةُ إلى مجموعةِ الكُتُبِ الذي كانت مقبولة وموثوقة عند جماعة دينية هم اليهود. هكذا، نحن يُمْكِنُ أَنْ نقول مَشيرين إلى لائحة الكتب المقدّسةِ اليهوديةِ أَو لائحةِ العهد

الجديدِ.(١) أما العهد الجديد القانوني هو مجموعة من المؤلفات عددها سبعة وعشرون كِتابا، كتبها باللغة اليونانية خمسة عشرَ أو ستّة عشرَ مُؤلفًا مختلفًا، كَانوا يُخاطبونَ بها الأفرادَ أَو المجموعات المسيحيةَ بين سني ٥٠ و١٢٠م. وتنقسم هذه الكتب لعدة أقسام: القسم الأول: هو الكُتُب الأربعة الأولى أو ما يسمونه: «الأناجيل»، التعبير الذي يعني بشكل حرفي «الأخبار السارة.» هذه الكُتُب تَنْسبُ إلى متى، ومرقص، ولوقا، ويوحنا. إما في الترتيب القانونيِ: متى، مرقص، لوقا، ويوحنا أَو ما يسمّى بالترتيب الغربيِ: متى، يوحنا، لوقا، ومرقص.(٢)

يعتقد المسيحيون بدءا من القرن الثاني أنّ اثنين مِنْ هؤلاء المُؤلفين يقال إنهم من تلاميذ المسيح هما: متى، المذَكور في الإنجيلِ الأولِ (متى ٩:٩)، ويوحنا المذكور في الإنجيل الرابعِ (يوحنا ١٩:٢٦). الإنجيلان الآخران كتبهما على ما يقال تلاميذ الحواريين المشهورينِ (وفقا للتعبير الإسلامي: هم من التابعين: أي تلاميذ التلاميذ للنبي) هما: مرقص، مساعد بطرس، وأما لوقا فينزل درجة عن مرقص لأنه تلميذ بولس.

هذا الإسناد ليس صحيحًا ولا يستند إلا أي دليل؛ ولا تستند هذه الدعوى إلى الأناجيلِ نفسها؛ لأن العناوين الموجودة على غلاف الكتاب

(١) See: Metzger B. M. ١٩٨٧. The Canon of the New Testament P. ٢٨٩

(٢). See: The Canon of the New Testament: Its Origin, Development, and Significance. Metzger B. M.1987. Oxford: Clarendon. pp. 295

المقدس (مثل «الإنجيل طبقًا لمتى») لا تُوْجَدْ في النصوصِ الأصليةِ لهذه الكُتُبِ. هل نسيَ مُؤلفو هذه الكتب أو تعمدوا أنْ لا يذكروا أسماءهم؟

ثلاثة من هذه الأناجيل تتشابه بشكل مثير مع بعضها البعض(١) وتختلف عن الرابع بشكل أكثر إثارة.(٢)

القسم الثاني في العهد الجديدِ هو سفر أعمال الرُسل، الذي كَتبَه نفس مُؤلفِ الإنجيل الثالث نفسه؛ الذي ما زال العلماء المعاصرون يسمونه لوقا، بالرغم من أنَّ هذا ليس مؤكدًا. هذا الكتاب تكملة للأناجيلِ في كونه يصِفُ تأريخَ المسيحيةِ المبكّرةِ بداية بالأحداثِ التي وقعت بعد المسيح مباشرة؛ ويهتم كذلك ببيان كَيفَية انتشار الدينِ المسيحي في كافة أنحاء أجزاءِ الإمبراطورية الرومانيةِ، سواء بين الوثنيين أو بين اليهود، بسبب بولس وتلاميذه. فبينما يصور الإنجيل بدايات المسيحيةِ (من خلال حياةِ المسيح)، يُصوّرُ سفر أعمال الرسل انتشارَ المسيحيةِ (من خلال حياة تلاميذه). ما يقرب من ربع الكتاب يحتوي على خطابات ألقاها بولس والرسل الآخرين الخطب إلى الوثنيين، أو إلى المتحولين، إلى المسؤولين الحكوميين اليونان. لكن كيف عرف لوقا ما قاله الرسل في هذه المناسبات؟ هل قام أحد ما بتدوين هذه الخطب؟

---

(١) See: "The Evolution of the Gospel, Enoch P. J.1994. Yale University press, New Haven and London. pp. xii-xx

(٢) بالنسبة للإنجيل الرابع توجد دراسة كاملة تقريبًا: إنجيل يوحنا في الميزان، محمد علي زهران،١٩٩٢م، الأولى، دار الأرقم، مصر.

على الرغم من أن كتاب سفر أعمال الرسل هو المجلد الثاني من عمل من مجلدين لنفس المؤلف، فإنه ليس من نفس النوع من نوع المجلد الأول. بينما إنجيل لوقا يصور يسوع، باعتباره النبي اليهودي المرفوض والمظلوم من شعبه، من ولادته المعجزة إلى قيامته المعجزة أيضًا. ويمكن تصنيفه باعتباره؛ من حيث النوع الأدبي، ضمن السيرة الذاتية. إلا أن كتاب سفر الأعمال، يختلف. هنا لا يوجد شخصية واحدة كشخصية رئيسية أو بطل للرواية؛ على طريقة اليونان، بدلًا من ذلك، يرسم هذا الكتاب تاريخ المسيحية قيامة المسيح إلى الإقامة الجبرية التي فرضها الرومان على بولس.

القسم الثالث من العهد الجديدِ يتضمن «واحدًا وعشرين رسالة،» ثلاثة عشر من هذه «الرسائل» يقال إن من كتبها هو بولس؛ وتسمى رسائل بولس، ويسمى الباقي منها: الرسائل العامة أو الكاثوليكية. وإذا كانت الأناجيل تصف بِدايات المسيحيةِ ويصف سفر أعمال الرسل انتشارها، فإن الرسائل ترَكِّز أكثر على الاعتقاداتِ والعبادات والأخلاق التي يجب على المسيحيين التمسك بها. القسم الأخير من العهد الجديد هو سفر الرؤيا، الرؤيا الوحيدة المعترف بها من الرؤى المسيحية. هذا الكتاب كتبَه شخص اسَمّه يوحنا، يَصِفُ سير الأحداثِ المستقبليةِ حتى دمارِ هذا العالمِ وظهورِ العالمِ الجديد، أي أنه يصف نهاية المسيحية.(١)

---

(١) لمصادر عربية؛ انظر: الأسفار المقدسة في الأديان السابقة على الإسلام، علي عبد الواحد وافي، (بدون تاريخ (، دار نهضة مصر-القاهرة، ص ٨٥-٨٩. والأسفار المقدسة قبل الاسلام، صابر طعيمة، (١٩٨٥) عالم الكتب، بيروت، ص ٢٥٢- = ⇦

□ معايير القانونية:

ما المعايير التي اتبعت لاعتبار كتاب مقدس ورفض آخر؟ ولم يذكر أثناسيوس في رسالته مبررات قبوله ورفضه للكتب التي أدرجها. وكما قلت العمل كان عشوائيا وحددته الظروف والممارسة أكثر من التبرير والقاعدة. فمثلا لقبول كتاب باعتباره مقدسًا لابد أن يكون قديما (قريبا من عصر المسيح) ورسوليًا (ينسب إلى أحد تلامذة المسيح أو أقرب الناس إليه)، عاما ومنتشرًا (أي تستعمله عامة الكنائس في أنحاء العالم) وأرثوذكسيا (يؤيد العقيدة الصحيحة بدلا من البدع).

❁ أولًا: صحة العقيدة:

يظهر أن من بين هذه المعايير كان الاخلاص للمسيحية المذهبية حسب عقائد نيقية وهي الواجب اتباعها دون غيرها. فإذا لم يكن الكتاب مؤيدًا للعقيدة المسيحية هذه فإن معايير قبوله تكون ضعيفة لأنه ليس رسوليا. هؤلاء الذين وضعوا هذا المعيار وجدوا أن القضية واضحة: لا يمكن لأحد من الرسل أن يعتنق أو يؤيد بدعة. بناء على ذلك أي كتاب يعتنق أو يدعم

=

٢٦٧ والكتب المقدسة بين الصحة والتحريف، د. يحيى محمد ربيع، ١٩٩٤م، الأولى، دار الوفاء – المنصورة – مصر ومن المصادر الغربية:

Metzger, BRUCE M. (١٩٨٧), the Canon of the New Testament: Its Origin, Development, and Significance CLARENDON PRESS, OXFORD pp .١٣-١١and Ehrman B D. (٢٠٠٩) , A BRIEF INTRODUCTION TO THE NEW TESTAMENT, OXFORD PRESS, pp .٥-٤

عقائد ضلالية فهو مزيف. طبعًا ليست هذه هي المبررات التي يستعملها علماء اليوم للكشف عن موثوقية كتاب ما، لكن هذه المناقشات تقدم لنا المبررات القوية والمقنعة بالنسبة لمن كانوا مهتمين بتأليف العهد الجديد في نشأته الأولى. فقد لعبت الخلافات المسيحية دورًا في نشأة وتطورِ كتب العهد الجديدِ القانونية.

ثانيًا: النسبة للحواريين:

إحدى المعاييرِ البارزةِ التي قدّمتْ لتُقرّرُ إذا ما كانت الكتابة يُمْكِنُ أَنْ تُعتَبرَ قانونية كانت تتعلق بما إذا كَانتْ «رسولية» يعنى، على أقل تقدير، يُمْكِنُ أَنْ تنسب إلى تلاميذ المسيح أَو المقرّبين منهم. هذا لا يَعْني بأنّ مجرد ادعاء نسبة مؤلفات للرسول يضَمنَ إدراجها ككتابِ بين الكتب المقدّسةِ. فمثلا إنجيل بطرس؛ رئيس الحوارين، في البداية كان يعتبر قانونيًا منذ أن سمح الأسقف المسيحي سرابيون Serapion بنص إنجيل بطرس في الكنائس التابعة له، لاحقا نفس الأسقف أبطلَ قرارَه حالما اكتشف أن الكتابَ فيه أراء ضلالية. ولقيَ قراره قبولًا من الكنيسةِ بشكل عام، واعتبرت بدورها محتويات هذا الكتابَ غير رسولية. بالنسبة له، ولهم أيضا، هذا يعَنى بأنّ القراراتِ فيما يتعلق ب «الرسولية» استندت في النهاية لَيس على صحة نسبة الكتاب في ذاتها، لكن على التزام الكتابِ الضروريِ والإخلاص لقانون الإيمان المسيحي، أي، إلى المذهبِ الذي أسسه المسيحيون في مجمع نيقية.

❁ ثالثًا: الاستعمال والانتشار:

هناك أمور أخرى كانت تقرر مصير الكتاب، فليست عقائد الكتاب أو نسبه كَانَ هو المقياس الوحيد الذي شغل زعماءِ الكنيسة المهتمين بتحديد محتوى الكتاب المقدّس. فمثلا قانون أو قائمة أو فهرست موراتوريان Muratorianيَستثنى رسالة الراعي لهرمز Hermas ، لأنها كُتِبَت «مؤخرًا»، والمسيحيون الغربيون قَبلوا بعد نقاش الرسالة إلى العبريين كقانونية لأنها كَانَت كثيرة الاستعمال في كنائس الشرقِ، هذا الحال نفسه ينطبق على سفر الرؤيا، الذي كان استعماله الواسع الانتشار في الغربِ هو الذي حمل معارضيه إلى قبولِه في الشرق.

نفهم من هذا كله أن القانونية لم تكن على أساس واحد، لكن المفهوم ضمنيا من مثل هذه الحقائق، هو الفكرة التامة لـ«السند الرسولي» التي جعلها المسيحيون دعوى مطلقة في جُهودِهم لتبرير مذهبهم وقداسة وأصالة الحقائقِ التي ورثوها وأخذوها نقلا عن المسيح ثم إلى أتباعه ثم من خلالهم إلى الكنائسِ. حتى هذه الكنائسِ كان يعتقد بأن من أسسها هم الحواريون، وهم الذين عَيّنوا زعماءها، ووَهبوهم السلطة، وأوَرثوهم الكتب. لذا، بالنسبة للسلفيين مثل أثناسيوس، دعوى الاستناد لفهم السلف وخلافة الرسل والنص المقدس يعملان يد بيد في تأييد المذهب الأرثودوكسي. ففي كتابه «الرد على آريوس» يَؤكد بأنّ المسيحيين لا يَلْزَمُ أن يَنشْغلوا مع الزنادقةَ حتى في الخلاف على معانى الكتب المقدّسةِ، لأن الكتب المقدّسة تنتسب إلى ورثةِ الحواريين، القديسين وإليهم وحدهم، بينما الزنادقة لَيْسَ لهُمْ حق في هذه النسبة ولا حجة لهم في النصوصِ المقدّسةِ، وجميع النصوص لها

معنى أرثودوكسي[١] ولذا تفسيراتهم لها يجب أن تستثنى مِن الساحةِ.[٢] لكن على الأقل، يُمْكِنُنا أَنْ نَقُولَ بارتياح بأنّ الكُتُبِ التي لا يمكن أَنْ تفوز بالنسب الرسولي –أو على أقل تقدير أتباع الرسل – أَو يكون متفقًا وتعاليم الكنيسة، لم تكَن، في أغلب الأحوال، تعتبر قانونية. في نفس الوقت، بغض النظر عن ادعاءات الأصالة أَو النسبة للرسل، لا يوجد كتابَ يفسح له الطريق إلى الكتب القانونية ما لم يكن معبراً عن قانون الإيمان المسيحي الذي كَانَ شرطا ضروريا. فقانون الإيمانِ المسيحي كَان المعيارَ البارزَ لحسم قانونية كتاب، باختصار لقد كَانَ السعي لاعتماد نظام عقائدي أرثودوكسي هو الذي حفّزَ الحركةَ نحو القانون في المقام الأول.

(١) أثناسيوس ٢: ٢٠ – ٢١.

(٢) أثناسيوس ١: ٨ و٣: ٣٦

تزييف الكتب المقدسة

تزييف وتزوير الكتب المقدسة ليس مفاجأة. وكون هناك كتبًا مقدسة مسيحية وضعت أو حرفت ليس جديدًا. دائما كان المسيحيون قلقين بشأن تزييفِ النصوصِ المقدسة. هذا الخوف يظهر من القرن الأول؛ فهذا يوحنا، الذي يَستعملُ صيغةَ لعنةٍ قوية لحِماية نَصِّ رؤياه مِن العَبَث والتحريف (سفر الرؤيا: ٢٢/ ١٨-١٩).«وَإِنِّي أَشْهَدُ لِكُلِّ مَنْ يَسْمَعُ مَا جَاءَ فِي كِتَابِ النُّبُوءَةِ هَذَا: إِنْ زَادَ أَحَدٌ شَيْئًا عَلَى مَا كُتِبَ فِيهِ، يَزِيدُهُ اللهُ مِنَ الْبَلَايَا الَّتِي وَرَدَ ذِكْرُهَا، ١٩وَإِنْ أَسْقَطَ أَحَدٌ شَيْئًا مِنْ أَقْوَالِ كِتَابِ النُّبُوءَةِ هَذَا، يُسْقِطُ اللهُ نَصِيبَهُ مِنْ شَجَرَةِ الْحَيَاةِ، وَمِنَ الْمَدِينَةِ الْمُقَدَّسَةِ، اللَّتَيْنِ جَاءَ ذِكْرُهُمَا فِي هَذَا الْكِتَابِ».

في الحقيقة لقد أصبحت هذه التهم مسألة متكررة في الحوارات الدينية في المسيحية وليست جديدة. لقد اتهم الأرثوذوكس الفرق الضالة «المعارضة للأرثوذكس» ولها ميول عقائدية مخالفة لهم؛ بتزوير النصوص. هكذا اتهم المؤرخُ الأرثوذكسيُ يوسبيوس Eusebius بعض الفرق بهذه التهمة. منهم زنادقةِ القرنين الثالث والثاني هؤلاء الذين كَانوا يقلدون تيطس Theodotus الإسكافي، الذي كان يقول أنّ المسيح «مجرد إنسان» ولم يكن إلها. لقد استشهد يوسبيوس Eusebius بمصدر مجهول ادعى أن أتباع تيطس أقحموا هذه الفكرةِ في نصوصِ العهد الجديدِ، مؤكدًا أنّ مخطوطات كتبتها هذه الفرقة كانت موجودة، ويُمْكِنُ أَنْ تُقارنَ مع بعضها البعض لكَشْف

زيفها.(١)

أيضًا ترتليان Tertullian،» والد المسيحية اللاتينية»، و«مؤسس اللاهوت الغربي» اتّهمُ «أهل البدع» بالعَبَث بنَصِّ يوحنا ١٣:١(٢)

زعم ترتليان Tertullian، أن النص كان يشير إلى ولادةِ المسيح هكذا: «١٣: الذي وُلِدُ لَيْسَ مِنْ دَمٍ، وَلَا مِنْ رَغْبَةِ جَسَدٍ، وَلَا مِنْ رَغْبَةِ بَشَرٍ، بَلْ مِنَ اللهِ». لكن –بزعمه- أهل البدع، أرادَوا أَنْ يَستبدلَوا هذه الإشارةِ إلى ولادةِ المسيح العجيبة ليجَعْلوا الفقرات تُؤيد مذهبهم الخاص. لقد فعلوا ذلك بواسطة استعمال صيغة الجمعِ: «وَهُمُ الَّذِينَ وُلِدُوا لَيْسَ مِنْ دَمٍ، وَلَا مِنْ رَغْبَةِ جَسَدٍ، وَلَا مِنْ رَغْبَةِ بَشَرٍ، بَلْ مِنَ اللهِ.»

يستمرّ ترتليانَ Tertullian ليدلل على أن الفقرات تؤكّدُ في غير لبس الطابع المعجز لحمل المسيح (في كونه وقع من غير معاشرة جنسية [ولد لَيسَ مِن الدمِّ...].

في مناسبة أخرِى يستشهد ترتليان Tertullian بالفقرة (بصيغة المفرد) بشكل واضح لمُوَاجَهَة تعاليم الأبيونين «Ebion»(٣).

قبل ترتليان Tertullian يَقتبسُ إرينوس Irenaeus الفقرة أيضًا بصيغة

---

(١) انظر: يوسابيوس (١٩٨٩) تاريخ الكنيسة، مكتبة المحبة، القاهرة، ترجمة مرقص داوود، الكتاب الخامس الفصل ٢٨

(٢) See: Tertullian, (2009) De Carne Christi Liber, (translated by Ernest Evans) Treatise on the Incarnation, P. 65

(٣) .De Carne Christi Liber, P. 79

المفرد للاستدلال على أن المسيح لم يكَنَ مجرد إنسان، لكنه جاءَ مِنْ عند الله ومع ذلك ولد مِنْ عذراءٍ(١).

المفاجأة أنه في الواقع اليوم صيغة الجمعِ هي الموجودة وحدها في كُلّ المخطوطات اليونانية المعروفة وكُلّ الوثائق المترجمة، باستثناء واحد: المخطوطة اللاتينية القديمة المثيرة للجدل دائما؛ بيازا D.

إذن على عكس دعوى ترتليان Tertullian، الحالة هذه هنا لَا تمثل عبثا من أهل البدع بالنَصِّ، لكنها في الحقيقة تمثل عبثًا أرثوذكسيا. لأن التحريف يؤكد العقيدة الأرثوذوكسيةِ لولادةِ المسيح في النص والدليل أو الشاهد الذي لولا هذا التعديل لافتقر إليها. ومن هنا أود أن أصرح بالحقيقة الآتية؛ رغم أنها ستتكرر لاحقًا؛ لأهميتها:

رغم أن تهمة التزوير كانت متبادلة بين الفرق المسيحية إلا أن التاريخ والوثائق لم تحفظ لنا أي شواهد على قيام أهل البدع (الهتروذوكس) بذلك، ببساطة شديدة لأن خصومهم (الأرثوذكس) لم يبقوا أيًا من تلك الكتابات حتى يمكننا مقارنتها، وإنما الذي بين أيدينا اليوم هو ما كتبه الأرثوذكس أنفسهم، وفيه الدليل على عكس دعواهم، أن الفرق الضالة هي من حرف الكتاب المقدس، وهي أن الحقيقة أن الأرثوذوكس هم من فعلوا ذلك.(٢)

---

(١) (الرد على الزنادقة. الجزء الثّالث، الفصل ١٦، الفقرة: ٢؛ والفصل ١٩، الفقرة: ٢)
See: Irenaeus (2014) Against Heresies, Beloved Publishing LLC, 3/16/2 and 3/19/2.

(٢) لقد تناول النقاد الغربيون هذه الحقيقة في أبحاث علمية مختلفة وأصبحت من = ⇦

حتى في الكتب القانونية توجد كتب مزيفة في العهد الجديد. المؤلفات المشكوك فيه للعديد مِن الكتاباتِ القانونيةِ نفسها يَشْهد على ذلك. هكذا لا يَستطيعُ النقاد أن يخفوا مخاوفهم من الرسالة الثانية لأهل تسالونيكي، التي تحذّرُ من مغبّة الرسائل المزورة أي التي كَتبتْ زورًا باسمِ بولس «أبوكريفا» (٢:١-٢)؛ بينما يَعتقدُ العديد مِنْ علماءِ العهد الجديدِ بأنّ الرسالة الثانية لأهل تسالونيكي نفسها ليست لبولس. وهذا إرينوس Irenaeus يَتّهمُ جماعات ضلالية مُخْتَلِفة بوضع وتَوزيع اناجيل مزوّرةِ. نحن نملك الآن بعض هذه الوثائقِ، بسبب الاكتشافات الرائعةِ في القرنِ الحاليِ.

لكن الزنادقة لم يكونوا وحدهم في ارتكاب مثل هذه الأعمالِ. هناك كتابات وضعها الأرثوذكس، على سبيل المثال، إن الرسالة الثالثة لكورنثوس، قد وضعها قسيسٍ من آسيا الصغرى بحسب تصريح ترتليان Tertullian. طبعًا هذا المزور كان ذا نية حسنة، وهكذا الوضاعون دائمًا، ولا في حالةَ واحدة قصد المزور شرًا. فهذا أحد المزورين يدعى بأنّه وضع هذه الرسالة «محبة لبولس» يعنى؛ كما نفهم، بأنّ المزور عندما انتحل قلمِ بولس واسمه للرد على أهل البدع قصِد بذلك إحياء ذكرى الحواري باعتباره الرجل الذي نشر المسيحية ودافع عنها حتى بعد وفاتهِ. كذلك الرسالة الثانية لأهل تسالونيكي، التي لا زال حقيقة مؤلفها قيد البحث. يُمْكِنُنا أَنْ نَذْكرَ رسالتين أخريين: ثنائية بولس، الرسالتين لكلوسي وإفسس، الذي لازال

=

مسلمات النقد النصي، كثير من هذه الأعمال رجع إليها المؤلف في هذا العمل وستجدها متفرقة وموثقة في ثناياه.

ثبوتهما مُتَنازَعًا عليه بعد عقودٍ مِن البحثِ العلمي. وبشكل عام الرسائل الرعوية تحمل اسماء مستعارة كلها تقريبًا بغير استثناء، كما هو في الرسالة الثانية لبطرس، كذلك السؤال عن المؤلف الحقيقي للرسالة الأولى لبطرس لايزال بلا إجابة.(١) ورغم أن رسائلَ يهودا ويعقوب وسفر الرؤيا في الغالب تحمل اسماءً صحيحة، إلا أن الأناجيل الأربعة وسفر أعمال الرسل، قطعًا، مجهولة المؤلف.(٢)

❑ إنجيل المسيح:

في الأناجيل القانونية لدينا إنجيل يمثل المسيحية الأصلية بشكل واضح؛ هو إنجيل متى. في الواقع إنجيل متى؛ حسب أحدث وأقوى الآراء النقدية، هو أصل وأول كل الأناجيل. قديمًا حظي هذا الكتاب بمكانة فريدة عندما تم وضعه أو جمعه في مقدمة مجلد واحد مع الأسفار الأخرى التي يتألف منها «العهد الجديد»، حيث وضع إنجيل متى أول الأناجيل ترتيبًا، سواء في

---

(١) لم تكن الرسائل الرعوية، Pastoral Epistles، وهي الرسائل إلى تيتس وتيموثاوس الأولى والثانية ضمن الأسفار التي اعترف بها مركيون Marcion والتى شكل قائمة بها حوالي عام ١٤٠ م. ولا يوجد اقتباس من هذه الرسائل قبل إيرينايوس Irenaeus حوالي العام ١٧٠ م ولقد لخص نورمان بيرين Norman Perrin أربعة أسباب ضمن جملة أسباب قادت الدراسات النقدية لاعتبار هذه الرسائل الرعوية رسائل ملفقة.

See: The New Testament: An Introduction. Perrin N.1982. Thomson Learning; 2nd edition (July 1982 (

(٢) See: Ehrman, B. D, The Orthodox Corruption of Scripture, p. ٢٣.

الترتيب القانوني (متى، مرقص، لوقا، يوحنا) أو ما يعرف بالترتيب الغربي (متى، يوحنا، لوقا، مرقص)، وحديثًا؛ وفقًا لأحدث النظريات النقدية، هو أول الأناجيل كتابة وقد استقى منه الآخرون؛ مرقص ولوقا، وربما لم يستندا إلى مصدر آخر غيره؛ وهو ما يسميه النقاد «نظرية أولية متى».(١)

إنّ نتائجَ الدراسات النقدية على إنجيل متى القانوني بعيدة الأثر: لأنها تكْشفُ أن لإنجيل متى نَصًّا ومتنًا حُرّف سابقًا بشكل فادح، لمقاصد عقائدية وجدلية، وأن النسخة الناتجة دمجت فيما بعد بالنَصِّ الأصلي لإصدار الإنجيلِ كما نراه اليوم. فضلًا عن أن النَصِّ الأصلي نفسه كان نتَاجَ لعملياتِ سابقةِ تَضمّنَت عدة مراحل وسلسلةِ من الإضافاتِ الرئيسيةِ.

وبشكل عام كَان يعتقد على نحو واسع أن المسيحيين اليهود في القرون الأول للكنيسة يفضّلون إنجيلَ متى على كُلّ الأناجيل الأخرى، نظرًا لأن متى هو الذي يُؤكّدُ على «الهوية الأصلية للمسيحية» وعلى أهمية الحفاظ على الشريعة وبكل حرف وسطر.(٢)

هذا الإنجيل كان يؤكّد، أكثر من أي من الأناجيل الأخرى، على الهوية الأصلية للمسيحية. مهما يكن من شيء نحن لا نعرف اسم مؤلف هذا الإنجيل؛ لأن العنوان الموجود على طرة الكتاب («الإنجيل وفقا لمتى») أضيف بعد فترة طويلة من كتابة الوثيقة. يقال، خلافًا للمنطق، أنه كتب باللغة

«١» انظر هذا الرأي وأدلته عند: باول، اينوك، ١٩٩٤، تطور الانجيل، ترجمة ايبش؛ أحمد، دار قتيبة- بيروت- دمشق، الأولى، ص ٤٩.

(٢) See: Ehrman, Bart D.; Lost scripture, pp 5-6.

اليونانية، لأن معظم المسيحيين الأوائل في فلسطين كانوا يتكلمون اللغة الآرامية -لغتهم ولغة سيدهم الأصلية-، فيفترض أن الإنجيل يكتب؛ وفقا للمنطق، بالآرامية، بينما يقال إنه باليونانية لمجتمع يتحدث اليونانية، وبناءً عليه؛ كتب خارج فلسطين. استفاد المؤلف من مجموعة متنوعة من المصادر المتاحة له، سواء من الوثائق المكتوبة أو الشفهية التي سمعها، ربما من الإنجيليين المسيحيين والمعلمين من حوله.

كما رأينا أن إنجيل متى يريد أن يصور المسيح باعتباره موسى الجديد، فتعمد هذا التقسيم الخماسي قاصدًا به التذكير بالكتب الخمسة لتوراة موسى.(١)

على الأقل حسب إنجيل متى: يقدم المسيح الفهم الحقيقي للشريعة اليهودية ولا ينقضها، ويؤكد أنه يجب أن يتعلمها ويعمل بها تلاميذه.

هناك أدلة مماثلة في فقرات إنجيل متى القانوني؛ رغم محاولة تنقيحه من قبل الأرثوذكس، تؤكد هويته الأصلية؛ على سبيل المثال بينما يقتبس مرقص نصًا من متى لكن مع تعديله بطريقة بولسية؛ في حديث مرقص عن المسيح الدجال، يتحدث المسيح عن (رجسة الخراب) طلب منه بعض التلاميذ أن يخبرهم عن نهاية العالم. هذه المحادثة، في متى ٢٤ ومرقس ١٣، على تحذير واضح. في إشارته إلى مجيء المسيح الدجال أو «رجسة الخراب». يحذر تلاميذه ويرشدهم إلى ما يجب عليهم فعله. فعندما يأت «رجسة

---

(١) See: Ehrman B. D. 1991. A Brief Introduction, p. 65.

الخراب» التي قال عنها دانيال النبي فحينئذ ليهرب الذين في اليهودية إلى الجبال، والذي على السطح لا ينزل ليأخذ من بيته شيئا، والذي في الحقل فلا يرجع إلى ورائه ليأخذ ثيابه، وويل للحبالى والمرضعات في تلك الأيام. ثم يأمر تلاميذه أن «يصلوا قبا أن يكونوا في شتاء» لأنه سيكون من الصعب بعد ذلك الهروب؛ (مرقص ١٣ : ١٨). هذه الفقرة في متى الإنجيل اليهودي (متى ٢٤: ١٥ – ٢٠) هكذا: «أو في سبت» بدلًا من في «شتاء». لماذا؟ لأنه بالنسبة لمتى؛ حسب الشريعة اليهودية، السفر في يوم السبت ممنوع على أتباع المسيح، باعتبارهم أتقياء متمسكون بالشريعة؛ حسب وصيته.

كل هذه الأمثلة في الظاهر تؤيد أن المسيح في متى القانوني لا يطالب أتباعه بالتخلي عن العقائد والتقاليد والعبادات والورع اليهودي الثابتة في التوراة. بل يطلب بوضوح ويتوقع، في أغلب الأحيان، أنهم سوف يمارسونها لأنهم يتمسكون بالشريعة بأكملها (٥: ١٧-٢٠). وحسب وصية المسيح نفسه (لا تظنوا أنى جئت لانقض الناموس او الانبياء ما جئت لأنقض، بل لأكمل* ١٨ فاني الحق اقول لكم الى ان تزول السماء والارض لا يزول حرف واحد او نقطة واحدة من الناموس حتى يكون الكل* ١٩ فمن نقض احدى هذه الوصايا الصغرى وعلم الناس هكذا يدعى اصغر في ملكوت السماوات واما من عمل وعلم فهذا يدعى عظيما في ملكوت السماوات) (١٧:٥-٢٠).

في المقابل كان للمسيحة اليهودية إنجيل يتداولونه بينهم. يقتبس آباء الكنيسة إنجيلا واحدًا بعدة أسماء فيسمونه أحيانًا إنجيل «العبرانيين» أو

«الإنجيل الذي يستعمله الأبونيون» أو إنجيل «الناصريين» أو «متى المزور» كما يسميه الأرثوذوكس. هذه كلها إنجيل واحد في الحقيقة. ربما كانت تمثل إنجيل المسيح الحقيقي الذي كان يدعو إليه، «توبوا وآمنو بالإنجيل». وهو نفسه الإنجيل الآخر الذي ينقل عنه أباء الكنيسة، الإنجيل الذي يستخدمه العبريون والناصريون الأبونيون، هو الإنجيل العبري الذي يستعمله الناصريون.

هذا الإنجيل يمنح أهمية خاصة ليعقوب، شقيق المسيح، كرئيس للجالية المسيحية في القدس بعد موت المسيح. ويحتوي على قصصَ معموديةِ المسيح، ورسالته، وموته، وقيامته. لكنه لم يتضمّن الفصلين الأوليين مِنْ فصولِ إنجيلِ متى، اللذين يُسجّلانِ الأحداثَ التي تُحيطُ بولادة المسيح العذرية ونسبه. هنا ملاحظتي المهمة:

❁ النسب في إنجيلي متى:

في ملاحظة مهمة يشير إليها أحد كبار آباء الكنيسة أبيفانيوس(١) وهي أن إنجيل متى غير القانوني يختلف عن الإنجيل القانوني في بدايته، نظرًا لأنهم بسبب حذفهم سلاسل النسب من متى فإن إنجيلهم يبدأ بعبارة: «وهكذا في أيام هيرودس ملك اليهودية، عندما كان قيافا رئيس الكهنة، ظهر رجل اسمه يوحنا...»(٢)

---

(١) See: Panarion ، 30، 14، 3

(٢) انظر: اينوك باول، تطور الإنجيل، الترجمة العربية لأحمد أيبش، دار قتبة، دمشق – بيروت، الأولى ١٤٢٤=٢٠٠٣، ص ١٤٥. وهناك مشاكل كثيرة تتعلق بهذا الفصل = ⇦

ويعني ذلك أنه كان بدون الفصل الأول والثاني أيضًا. حيث أن العبارة المشار إليها هي بداية الفصل الثالث من إنجيل متى.

ملاحظة (أبيفانيوس) هذه؛ أن إنجيل متى غير القانوني يختلف عن الإنجيل القانوني في بدايته تتطابق مع النتيجة التي توصل إليه علماء العهد الجديد المعاصرين؛ أي أن هذه البداية مزيفة في الإنجيل القانوني، أي أن الإنجيل القانوني أيضًا كان خاليًا من الفصلين الأوليين وأنهما أضيفا له لاحقًا:

من هؤلاء الدكتور إينوك باول في دراسته المتميزة عن إنجيل متى حيث علق على مقدمة الإنجيل فقال:

«..هذا النسب حل محل البداية الأصلية التي بقي منها عناصر (انظر الفقرة ٢/ ١)...» هذه العناصر الباقية من الصل هي الفقرة التي تؤرخ بعصر هيردوس التي اقتبسها لوقا [١: ٥]

عندما يبدأ «متى» كتابه بالعنوان التالي: «هَذَا سِجِلُّ نَسَبِ عيسى الْمَسِيحِ ابْنِ دَاوُدَ ابْنِ إِبْرَاهِيمَ....» يكون مفهومًا أن يذكر نسب المسيح لداوود للتحقق نبؤات الكتاب المقدس، كما في سياقِ خطبةِ بطرس في (سفر الأَعمال ٢)، عند الكَلام عن قيامة المسيح، يستشهد بطرس بدليل كتابي (مزمور ١٦) على أن الله سيقيم المسيح ليجلسه على عرشِ داوود، وهو الإنسان الذي سيأتي «مِنْ ثمرة ذكره» أي داود (سفر الأفعال ٢:٣٠)؛ وهو ما

= ☞

في الانجيل القانوني.

يعني البنوة الحقيقية الجسدية!! كيف اتصل المسيح بداود «جسديًا» و«حقيقة» بينما هو ليس ابنًا حقيقيًا «من ثمرة ذكر» يوسف؟

أيضًا من غير المفهوم لماذا يذكر النسب إلى إبراهيم بينما جميع الأنبياء هم من نسله؟!

بدأ مؤلف متى بذكر نسب عيسى، متتبعًا الآباء والأبناء لكن بدءًا من إبراهيم (فقرة ٢) إلى داود (فقرة ٦)، ثم من داود الى السبي البابلي (فقرة ١٢)، ثم من السبي إلى يعقوب، أبو يوسف (فقرة ١٦). هنا بالضبط تنشأ المشكلة التي تؤكد ثانوية هذا النص، بل ثانوية الإصحاحان الأول والثاني كاملين.

هذا النسب واضح أنه ليوسف الذي هو رجل مريم، المرأة التي ولد منها عيسى. لكن وفقا لمتى، يوسف ليس والدًا للمسيح، لأنه في هذا الإنجيل مريم أم عيسى كانت وبقيت عذراء. لهذا السبب، يكون اضطر أحد «المصححين» لتغيير صيغة العلاقات بين الأب والابن عندما يأتي إلى نهاية الفقرة ١٦ قائلًا: «ومتان ولد يعقوب، ويعقوب ولد يوسف، رجل مريم التي ولد منها عيسى، المدعو المسيح». وكان يجب أن يقول – طردًا للصيغ – «.. ويوسف ولد عيسى..»!!!

فالمشكلة تكمن في تتبع سلالة نسب عيسى والعودة بها إلى داود وإبراهيم، في حين أنه لا علاقة للمسيح بهذه السلسلة؟ الصلة الوحيدة له هي من خلال يوسف، الرجل الذي هو في الحقيقة ليس والده.

عندما وضعت قائمة النسب هذه في بداية الكتاب تم استبدال اسم

ابراهيم باسم «عيسى المسيح» وأضيفت كلمات «ابن داود، ابن ابراهيم» وبالطبع كان وصف «ابن داوود» هامًا، ولكن وصفه بأنه «ابن ابراهيم» لم يكن كذلك، حيث أن جميع اليهود من أبناء ابراهيم (قارن مع ٣: ٩) ومن هنا تنشأ الحيرة التي يشعر بها القراء عندما يجدون قائمة نسب تبدأ بإبراهيم موجودة في بداية كتاب عن المسيح.

إن القسم من سلسلة نسب ابراهيم إلى داوود يطابق سفر أخبار الأيام الأول ١: ٣٤ و٢: ١٥ أما من داوود إلى يكنيا فيطابق سفر أخبار الأيام الأول ٣: ٥-١٦ ولكن مع حذف ثلاثة أسماء بعد أخزيا واسم رابع هو يهوياقيم بعد يوشيا. أما الأسماء التسعة بين زربابل ويوسف فليست كافية لسد الفجوة بين التي تمتد ٥٠٠ عام بين زربابل (٥٣٦ م) وبين هرودوس. وقد رأى مؤلف لوقا هذه الصعوبات وخصوصًا الأولى وهي بداية كتابه بقائمة ذرية من ابراهيم، والثانية هي القائمة التي تضع عيسى في القرن الثالث أو الثاني قبل الميلاد. وقد تعامل مع الأولى بأن انتظر حتى بدأت قصته بشكل جيد (٣: ٢٣) ثم أدخل قائمة نسب تبدأ بعيسى وتمتد إلى آدم ابن الله»[١] والجزء الذي يمتد من داود إلى ابراهيم عنده مطابق عدا أنه يضم اسمين هما أرني وأدمين بدلا من اسم آرام ولكن السلسلة التي تصل إلى داود لم تمر عبر سليمان وإنما عبر واحد آخر من أبناء داود هو ناتان، ربما لتجنب نبوءة إرميا (٢٢: ٣٠) السابقة.

مشكلة أخرى في هذا الفصل تستدعي النظر هي الفقرة ١٧، أو لغز

«١»انظر: باول، اينوك. تطور الانجيل، ص ١٤٦-١٤٧.

[١٤/ ١٤/ ١٤]: حيث تقسم الفقرة سلسلة النسب بهذه الطريقة: بين إبراهيم وداود أربعة عشر جيلا، وأربعة عشر جيلا بين داود والسبي البابلي، وأربعة عشر بين والسبي البابلي والمسيح عيسى. هذه صدفة مدهشة.!! بين والد اليهود وأعظم ملك لليهود كان أربعة عشر جيلًا، وبين أكبر ملك لليهود وأعظم كارثة لليهود (تدمير دولتهم على يد البابليين) أربعة عشر جيلًا، وبين أكبر كارثة لليهود والمخلص «المسيح» أربعة عشر جيلًا!!

تقسيم سلسلة النسب بهذه الصورة موحي جدا؛ أي أن كامل تاريخ إسرائيل كان مرتبًا وفقا للعناية أو الخطة الإلهية. وهذا التاريخ والعناية قد توجت بعيسى. في كل جيل رابع عشر يحدث شيئا هامًا في تاريخ إسرائيل: أعظم ملوكهم، أسوأ كارثة لهم، والآن خلاصهم. ولادة عيسى بعد أربعة عشر جيلا من السبي البابلي تبين أن الله كان على وشك أن يفعل شيئا كبيرًا، شيئا لا مثيل له لشعبه إسرائيل.

ولكن هل هذا التسلسل ١٤- ١٤ – ١٤ قابل للحياة فعلا؟ إن ما يقرب من ثلثي الأسماء في سلسلة النسب مذكورة في الكتاب المقدس اليهودي، مصدر متى نفسه للأجيال من إبراهيم إلى السبي. لسوء الحظ، عندما يتم فحص هذا تسلسل ومقارنته مع هذا المصدر، يبدو أن هناك بعض المشاكل.

مشكلة أكثر وضوحا أنه في الفقرة ٨، حيث تقول أن يورام هو أب عزيا. لأننا نعرف من الكتاب المقدس؛ من سفر أخبار الأيام الأول، ٣: ١٠-١٢ أن يورام لم يكن والد عزيا، ولكنه جد الجد الأكبر له! كما يتبين من خلال مقارنة سفر الملوك الثاني ١٤:٢١ مع سفر أخبار الأيام الثاني ٢٦: ١. لماذا،

إذن، يقول متى إنه كان والده؟

الإجابة واضحة: منقح إنجيل متى عندما أراد أن تشمل السلسلة على جميع الأجيال بين أورام وعزيا (ابيه امصيا، وجده يوآش، والجد أخزيا)، فانه لن يكون قادرا على ادعاء أن هناك أربعة عشر جيلا بين داود والسبي البابلي! فلابد من عمل حذف لتتحقق المعجزة.

لولا هذا لتعطلت الفكرة بأكملها؛ الفكرة المعجزة، التي تقول أنه في كل أربعة عشر جيلا حدثا كارثيا يحدث في تاريخ الشعب. وهذا، بدوره، سيعود بالضرر على ادعائه الضمني بأن المسيح عندما ولد كان شخصًا مميزًا وهاما في الخطة الإلهية لشعب اسرائيل. لهذا لا يمكن أن تكون سلسلة النسب صحيحة تاريخيًا.

۞ حذف النسب:

لقد اقتبس لوقا من متى هذا النسب وقد رأى مؤلف لوقا هذه الصعوبات وخصوصًا الأولى وهي بداية كتابه بقائمة نسب من ابراهيم، وقد تعامل معها بطريقة منطقية بأن انتظر حتى بدأت قصته بنص مناسب (٣: ٢٣) ثم أدخل قائمة نسب تبدأ بعيسى وتمتد إلى آدم ابن الله»[١].

ومع ذلك في اثنتين مِن المخطوطات اليونانية لإنجيل لوقا (Wو ٥٧٩) تحذف هذه السلسلة تمامًا.

أيضا نحن نفتقد هذه الفصل الافتتاحي من مصادر أخرى أكثر قدما من

«١»انظر: باول، اينوك. تطور الانجيل، ص ١٤٦-١٤٧.

جميع المخطوطات الحالية. من بين هؤلاء الكُتّابِ الآباء، تتيان Tatian؛ السوري، مِنْ بلاد ما بين النهرينِ، المعَروفَ بصورة رئيسة بسبب كتابه Diatessaron، أَو الأناجيل الأربعة المنسقة. لقد دمج عباراتِ الأناجيل مع الموجودة في الآخر، وساق الأناجيل المختلفة في سياق قصة واحدة. استطاع Tatian في الواقع أن يحفظ كامل محتويات الأناجيل المنفصلُة وسبكها في إنجيل واحد فقط. الاسم الذي عْرَفَ به هذا العمل Diatessaron، مُشتَقّ مِن العبارةِ اليونانيةِ διατεσσαρων، يعنى «بواسطة الأربعة [الأناجيل].»

سعى تتيان Tatian لصياغة كتابه Diatessaron بعناية كبيرة. لقد صاغه مِنْ أربع مخطوطاتِ منفصلةِ، مخطوطة لكُلّ إنجيلِ؛ وكما صاغ العبارات في نسق، مرة مِنْ هذا الإنجيلِ وأخرى من ذلك، فهو بلا شَكَّ حذف تلك العباراتِ التي كانت في المخطوطاتِ التي كَانَ يَنْسخُها.

لقد حذف تتيان سلسلة نسب المسيح في متى وفي لوقا، الأولى التي ترجع نسبَ المسيح مِنْ إبراهيم فصاعدًا والأخيرة التي تعود به إلى آدم.

❐ لغة إنجيل المسيح:

هل إنجيل متى غير القانوني هو نسخة أو ترجمة لمتى القانوني أو هو إنجيل آخر؟ يناقش علماء اليوم الجواب على سؤال: هل كان آباءُ الكنيسة مصيبين في الاعتقاد بأنّ هذا الإنجيل هو نسخةً آراميةً لمتى؛ أو هو بدلًا مِن ذلك كتاب مستقل، كتب باللغة الآراميةِ أو الكلدانية، وبحروف عبرية، مستمدًا مادته من التقاليدِ الشفهيةِ حول المسيح والتي كَان لها انتشار واسع وأحاط بها كلا من هذا المُؤلفِ ومُؤلفِ متى القانوني؟

الرأي الأول: طبقًا لعدد مِن المصادرِ القديمةِ، إحدى المجموعات من المسيحيين اليهودِ، عرفت أحيانًا بالناصريين Nazareans، استعملت نسخة خاصةَ بهم من إنجيل متى، مترجمًا إلى اللغة الآراميةِ أو الكلدانية لكن بحروف عبرية، لغة المسيح واليهود في فلسطين. هذه النسخةِ كتبت في وقت ما قُرب نهاية القرن الأول أَو بِداية الثاني.

الرأي الثاني يدعمه اقتباسات آباءِ الكنيسةِ مثل جيروم، والاقتباسات من هذا الإنجيل الموجودة في هوامشِ عِدّة مخطوطات يونانية للإنجيلِ طبقًا لمتى. على سبيل المثال يقول القديس جيروم (ت:٣٤٧-٤٢٠): «.. في الإنجيل طبقا للعبريين الذي كتب فعلًا إما باللغة الكلدانية أو السريانية لكن بحروف عبرية والذي لا يزال الناصريون يستخدمونه حتى اليوم، والذي هو نفسه الإنجيل وفقا للرسل، أو كما يعتقد كثيرون هو الإنجيل وفقا لمتى، والذي يمكن أن نجده في مكتبة القيصرية....» ويقول أيضًا: «... في الإنجيل الذي يستعمله الناصريون والأبونيون الذي ترجمته توا من العبرية إلى اليونانية والذي يعتبره كثيرون ترجمة مطابقة لإنجيل متى،»[١] ويقول: «... وجاء في الإنجيل المكتوب باللغة العبرية، والذي يقرأه الناصريون....»[٢]

هذه الإشارات كلها توحي بأن هذا الإنجيل هو نفسه متى لكنه بلغة المسيح الأصلية، أي كتب بالسريانية لكن بحروف عبرية، وترجمه جيروم إلى اليونانية. أغلب الآباءِ مِنْ أوائِل القرن الثاني (مثل بابياز Papias) إلى

(١) (جيروم، التعليق على متى ١٣،١٢)
(٢) (جيروم، التعليق على اشعيا ١١: ١-٣)

الربعِ المتأخّرِ (جيروم) ادعوا بأنّه اشَتملَ على مقاطع تشبه إنجيل متى (الذي هو بوضوح الأكثر يهوديةِ في الأناجيل الأربعة) مكَتوبَ باللغة العبرية، الكتاب الذي افتقرت فصولِه كلها لقصة ولادةِ المسيح العجيبة.(١)

☐ توثيق الإنجيل:

بينما اختار مؤلفو العهد الجديد القانوني ألا يذكروا أسماءهم أو يضعوا توقيعاتهم على مؤلفاتهم؛ أو نسوا ذلك، يتميز إنجيل متى «غير القانوني» بوجود توقيع وشهادات عليه في مصنفات الآخرين:

يقول ايبفانيوس Epiphanius «في الإنجيل الذي يسمونه «وفقا لمتى».... الذي وصفوه بأنه الإنجيل العبري، وجدت فيه ما يلي:...«وهكذا كان هناك إنسانا اسمه يسوع، له نحو ثلاثين سنة، هو الانسان الذي اختارنا، وعندما جاء إلى كفر ناحوم دخل بيت سمعان، الذي يدعى أيضا بطرس، وفتح فمه ليتكلم، عندما كنت مارًا في بحيرة طبريا اخترت يوحنا ويعقوب ابنا زبدي، وسيمون، اندرو، تداوس سمعان القانوي، ويهوذا الاسخريوطي، وأنا دعوتك، يا متى، عندما كنت جالسا في محل جمع الضرائب (العشارين)، واتبعتني. أنا أريد منك، بالتالي، أن تكون الرسول الثاني عشر على عدة أسباط اسرائيل.»(٢)

هذه القصة توجد أيضًا في متى القانوني (٩: ٩) بهذه الصيغة: وفيما يسوع

---

(١) See: Ehrman, Bart D.; Lost scripture, pp. 9-10, 12, 15, 17.

(٢) (Epiphanius، Pcnmrion، ٣٠، ١٣، ٢-٣)

مجتاز من هناك، رأى رجلًا جالسًا عند مكان الجباية، اسمه متى. فقال: له «اتبعني». فقام وتبعه»

ويوجد توقيع آخر عبارة عن شهادة أحد الآباء ونقله عن الإنجيل تحقيق فريد عن اسم المؤلف مما يؤكد نسبة الكتاب إليه. ويقول ديديموس –أحد من اطلع على متى غير القانوني ونقل عنه: «قد يبدو أن متى يدعى ليفي في إنجيل لوقا. ولكن في الحقيقة الأمر ليس كذلك. فمتى هو واحد، الذي حل محل يهوذا، الذي هو نفسه ليفي، له اثنان من الأسماء. تم العثور على هذا في إنجيل العبريين.»(١)

يبدو من هذه الشواهد أن آباء الكنيسة يعرفون هذا الإنجيل؛ وبعضهم قرأه كله، وبعضهم ترجمه إلى اللغات الأخرى، وبعضهم اقتبسه على سبيل الاحتجاج؛ به منفردًا أو تعضيدًا لإنجيل آخر، كل ذلك يظهر في فقرات الإنجيل الذي ثبتت في المصادر المشار إليها.

في ضوء هذه المعطيات السابقة؛ عندما نضع هذه الأجزاء المبعثرة جنبًا إلى جنب، لنكون صورة كاملة، يظهر أن هناك إنجيل واحد فقط، بصيغة المفرد، كما عبر المسيح، وكما عبر بولس نفسه، لغته هي لغة المسيح وقومه، يعبر عن الهوية الأصلية للمسيحية، هذا الإنجيل هو الذي يصور دعوة المسيح ورسالته، ويمثل النسخة المسيحية الأصلية، مسيحية المسيح. هذا الكتاب؛ كما يقول النقاد المعاصرون بحق، حصل اعتداء عليه ليتوافق

(١) (ديديموس الأعمى، تعليق على المزامير، ١٨٤، ٩-١٠)

مع العقيدة الجديدة، وتعرض للتنقيح؛ لكن بشكل عشوائي، ليؤيد مخرجات مجمع نيقيا، ومع ذلك بقي لنا أدلة كافية لمعرفة الحقيقة.

ملخص البحث

النسخة الأصلية للمسيحية هي المسيحية الأصلية التي كانت سائدة ومنتشرة بدءًا من عصر المسيح وتلاميذه مرورًا بالقرون الأولى وحتى عصر مجمع نيقيا، وهنا أو بعده، اختفت المسيحية الأصلية، لكن تدريجيًا.

النسخة الثانية كانت المسيحية الجديدة التي ألغت الشريعة أو الناموس والسبت أهم محرماته؛ وصار الأحد عوضًا عنه، كما ألغت الختان، وصارت المعمودية بدلًا منه، والطعام الحلال، وصار كل ما يدخل الفم حلال، والحرام ما خرج منه فقط.

كانت المسيحية الأصلية -وأتباعها- تتمسك؛ مثل المسيح، بالعقائد والممارسات اليهودية، كالتوحيد وعدم مخالطة الوثنيين، ونظام الطعام، والذبح...إلخ

كانت النسختان -المسيحية الأصلية والمسيحية الجديدة المستقلة، تتعايشان في المكان والزمان نفسه، وكانت كلتاهما على مسافة واحدة تقريبًا من الشعب.

أخيرًا -وليس بداية- ولأسباب سياسية، انتصرت النسخة المسيحية الجديدة، واقصت النسخة الأخرى، كان هذا الفصل الأخير بعنوان الأريوسية، الذين كانوا كاليهود تمامًا في العقيدة والعبادة.

المسيحية الأصلية ظلت متمسكة بتعاليم المسيح المرتبطة بناموس موسى، فكانت تعتبر التوحيد هو أول وأعظم الوصايا، والختان كعلامة بين الله وشعبه، وسبت الرب؛ العهد الذي أخذه الله على إسرائيل، والأطعمة الحلال.

يمثل إنجيل المسيحية الأصلية التعاليم الحقيقية للمسيح، وكتب بلغته، وحمل توقيع كاتبه. وربما يكون إنجيل متى القانوني؛ الذي هو أصل الأناجيل، وهو ترجمة للإنجيل الأصلي؛ الذي كتب بلغة المسيح وحمل رسالته، والنسخة غير القانونية، هي المعبرة عن لغة المسيح وشريعته. لكن في النسخة القانونية؛ الترجمة اليونانية لإنجيل المسيح، أو حتى التي كتبت بغير لغة المسيح؛ حصل تعديلات على نص هذا الإنجيل.

الفرقة المنتصرة هي من تكتب التاريخ، وليس متوقعًا؛ وهو ما لم يقع بالفعل، أنهم سيكتبون عن خصومهم بحيادية. وفقًا للمصادر الأرثوذكسية؛ كان هؤلاء المسيحيون اليهود يعتقدون أن المسيح تميز فقط بسبب تفوقه الأخلاقي، لأن الله اختاره لِكي يَكُونَ ابنه ومختاره، وذلك حدث عند معموديتِه؛ وكلفه برسالته المسيحيةَ. وفقا لهذه المصادر أيضًا؛ المسيحون اليهود قَبلَوا السلطةَ الملزمةَ للعهد القديمِ (أي صلاحية الشريعة لكل زمان ومكان) ورَفضوا قداسة الحواري بولس. في القرن الرابع بدأت تتلاشى هذه النسخة حتى اختفت تقريبًا. النسخة الأخرى التي تقابل المسيحية الأصلية كانت نسخة مسيحية أحدث ومطورة بصورة عنيفة، المسيحية الجديدة أو مسيحية بولس؛ هي التي انتصرت وسيطرت في القرن الرابع، وانتحلت اسم

الأرثدوكس، (بمعنى دقيق الذين يعتقدون العقائد الصحيحة)، وأقصت جميع النسخ الأخرى، وأصبحت هي المسيحية القياسية حتى اليوم، وهو ما يمكن أن نصفه بـ (انتصار الفرقة الضالة).

أهم المصادر

[١] الجويني، أبو المعالين (١٩٥٠) الإرشاد إلى قواطع الأدلة في أصول الاعتقاد، تحقيق د. محمد يوسف موسى وعلي عبد المنعم عبد الحميد، مطبعة السعادة – مصر.

[٢] الحوالي، سفر بن عبد الرحمن، ١٩٩٩، ظاهرة الإرجاء في الفكر الإسلامي، طبعة جامعة أم القرى، دار الكلمة؛ السعودية.

[٣] ديورانت، ول وايريل، قصة الحضارة (١٩٨٨) ترجمة الدكتور محيي الدّين صَابر وآخرون، المنظمة العربية للتربية والثقافة والعلوم دار الجيل للطبع والنشر والتوزيع، بيروت – تونس.

[٤] الرازي، محمد بن أبي بكر بن عبد القادر، ١٩٩٥ مختار الصحاح؛ ط. مكتبة لبنان. بيروت.

[٥] سمعان، عوض، (بدون تاريخ) الإيمان والعمل، بدون بيانات.

[٦] الشهري، عبد الله بن علي (٢٠١٦) العمل وأثره في الإيمان عند النصارى. مجلة مجمع، [S.l.], n. 16, mar. 2016. ISSN 2231-9735.

[٧] العبد اللطيف، عبد العزيز، (١٤٢٧=٢٠٠٦) «نواقض الإيمان القولية والفعلية: مدار الوطن، الثالثة، السعودية.

[٨] فارس، فايز. أضواء على الإصلاح الإنجيلي. القاهرة: دار الثقافة، ١٩٨٤.

[٩] فيربروج، فيرلين.(٢٠٠٧) القاموس الموسوعي للعهد الجديد. القاهرة: دار الكلمة.

[١٠] الفيروز أبادي،، مجد الدين أبو طاهر محمد بن يعقوب (٢٠٠٥) القاموس المحيط،ط. مؤسسة الرسالة للطباعة والنشر والتوزيع، بيروت - لبنان بيروت.

[١١] الكتاب المقدس: (١٩٩٥) الترجمة العربية المشتركة. درا الكتاب المقدس في الشرق الأوسط. – جمعية الكتاب المقدس بيروت لبنان.

[١٢] المسكين، الأب متى، (٢٠١١) التبرير بين الماضي والحاضر والإيمان والعمل، ط الرابعة، مطبعة الأنبا مقار، مصر.

[١٣] النعمان، أبو حنيفة، (١٩٩٩) الفقه الأكبر (مطبوع مع الشرح الميسر على الفقهين الأبسط والأكبر) مكتبة الفرقان -الإمارات العربية، الأولى.

[١٤] وليم إدي، الكنز الجليل في شرح الإنجيل، (بيروت: لبنان: صدر عن مجمع كنائس الشرق الأدنى ١٩٧٣).

[١٥] وليم باركلي، (٢٠١٠) تفسير العهد الجديد، دار الثقافة ودار التأليف والنشر بالكنيسة الأسقفية.

[١٦] وليم مارش، السنن القويم في تفسير أسفار العهد القديم، (بيروت: صدر عن مجمع كنائس الشرق الأدنى، ١٩٧٣)، بدون رقم الطبعة.

[١٧] الوهيبي، محمد (٢٠١١) نواقض الإيمان الاعتقادية وضوابط التكفير عند السلف، دار المسلم، السعودية.

[١٨] يوسابيوس (١٩٩٨) تاريخ الكنيسة، ترجمة القمص مرقص داود، ط مكتبة المحبة القاهرة.

❒ **English works:**

[19] Annette Yoshiko Reed (2018) Jewish-Christianity and the History of Judaism (Texts and Studies in Ancient Judaism.

[20] David C. Sim; The Gospel of Matthew and Christian Judaism: The History and Social Setting of the Matthean Community.

[21] Ehrman, Bart D.; (2003), Lost scripture, Oxford University Press, First published.

[22] Jean Dani Elou, (1964) "The Theology of Jewish Christianity: A History of Early Christian Doctrine Before The Council of Nicaea" and "The development of early Jean Danielou, The development of early Christian.

[23] Richard N. Longenecker The Christology of Early Jewish Christianity.

[24] Juan Marcos Bejarano Gutierrez , "Forgotten Origins: The Lost Jewish History of Jesus and Early Christianity".

[25] Matt Jackson, "Jewish Christianity Reconsidered: Rethinking Ancient Groups and Texts"

[26] Ray A. Pritz, Nazarene Jewish Christianity: From the End of the New Testament Period Until Its Disappearance in the Fourth Century, (2016).

[27] Richard N. Longenecker (1994) The Christology of Early Jewish Christianity, Regent College Publishing.

[28] Walter Bauer, Orthodoxy and Heresy in Earliest Christianity, (Robert Kraft, translator).

فهرس الموضوعات

www.ingramcontent.com/pod-product-compliance
Lightning Source LLC
LaVergne TN
LVHW021947220826
846091LV00015B/4115